*Das 1. Gesetzbuch
aus dem Alten Testament der Bibel*

Das 1. Buch Mose

Genesis

Wie die Welt entstand

von Adam und Eva, Kain und Abel, Noah,
dem Turmbau zu Babel, Sodom und Gomorra,
Jakob und Esau, Joseph und seinen Brüdern

*Übersetzung nach
Martin Luther 1545*

*Bibliografische Information der Deutschen Nationalbibliothek:
Die Deutsche Nationalbibliothek verzeichnet diese Publikation in der
Deutschen Nationalbibliografie; detaillierte bibliografische Daten
sind im Internet über http://dnb.dnb.de abrufbar.*

*TWENTYSIX – Der Self-Publishing-Verlag
Eine Kooperation zwischen der Verlagsgruppe Random House und
BoD – Books on Demand*

*Herstellung und Verlag:
BoD – Books on Demand, Norderstedt*

ISBN: 978-3-740-77009-9

Übersetzung nach Martin Luther 1545

Layout, Schriftsatz, Formatierung:
Antonia Katharina Tessnow
www.antonia-katharina.de

1. Kapitel

*Schöpfung der Welt.
Der Mensch ein Bild Gottes.*

1 Am Anfang schuf Gott Himmel und Erde.
2 Und die Erde war wüst und leer, und es war finster auf der Tiefe; und der Geist Gottes schwebte auf dem Wasser.
3 Und Gott sprach: Es werde Licht! und es ward Licht.
4 Und Gott sah, daß das Licht gut war. Da schied Gott das Licht von der Finsternis
5 und nannte das Licht Tag und die Finsternis Nacht. Da ward aus Abend und Morgen der erste Tag.
6 Und Gott sprach: Es werde eine Feste zwischen den Wassern, und die sei ein Unterschied zwischen den Wassern.
7 Da machte Gott die Feste und schied das Wasser unter der Feste von dem Wasser über der Feste. Und es geschah also.
8 Und Gott nannte die Feste Himmel. Da ward aus Abend und Morgen der andere Tag.
9 Und Gott sprach: Es sammle sich das Wasser unter dem Himmel an besondere Örter, daß man das Trockene sehe. Und es geschah also.
10 Und Gott nannte das Trockene Erde, und die Sammlung der Wasser nannte er Meer. Und Gott sah, daß es gut war.

11 Und Gott sprach: Es lasse die Erde aufgehen Gras und Kraut, das sich besame, und fruchtbare Bäume, da ein jeglicher nach seiner Art Frucht trage und habe seinen eigenen Samen bei sich selbst auf Erden. Und es geschah also.

12 Und die Erde ließ aufgehen Gras und Kraut, das sich besamte, ein jegliches nach seiner Art, und Bäume, die da Frucht trugen und ihren eigenen Samen bei sich selbst hatten, ein jeglicher nach seiner Art. Und Gott sah, daß es gut war.

13 Da ward aus Abend und Morgen der dritte Tag.

14 Und Gott sprach: Es werden Lichter an der Feste des Himmels, die da scheiden Tag und Nacht und geben Zeichen, Zeiten, Tage und Jahre

15 und seien Lichter an der Feste des Himmels, daß sie scheinen auf Erden. Und es geschah also.

16 Und Gott machte zwei große Lichter: ein großes Licht, das den Tag regiere, und ein kleines Licht, das die Nacht regiere, dazu auch Sterne.

17 Und Gott setzte sie an die Feste des Himmels, daß sie schienen auf die Erde

18 und den Tag und die Nacht regierten und schieden Licht und Finsternis. Und Gott sah, daß es gut war.

19 Da ward aus Abend und Morgen der vierte Tag.

20 Und Gott sprach: Es errege sich das Wasser mit webenden und lebendigen Tieren, und Gevögel fliege auf Erden unter der Feste des Himmels.

21 Und Gott schuf große Walfische und allerlei Getier, daß da lebt und webt, davon das Wasser sich erregte, ein jegliches nach seiner Art, und allerlei gefiedertes Gevögel, ein jegliches nach seiner Art. Und Gott sah, daß es gut war.

22 Und Gott segnete sie und sprach: Seid fruchtbar und mehrt euch und erfüllt das Wasser im Meer; und das Gefieder mehre sich auf Erden.

23 Da ward aus Abend und Morgen der fünfte Tag.

24 Und Gott sprach: Die Erde bringe hervor lebendige Tiere, ein jegliches nach seiner Art: Vieh, Gewürm und Tiere auf Erden, ein jegliches nach seiner Art. Und es geschah also.

25 Und Gott machte die Tiere auf Erden, ein jegliches nach seiner Art, und das Vieh nach seiner Art, und allerlei Gewürm auf Erden nach seiner Art. Und Gott sah, daß es gut war.

26 Und Gott sprach: Laßt uns Menschen machen, ein Bild, das uns gleich sei, die da herrschen über die Fische im Meer und über die Vögel unter dem Himmel und über das Vieh und über die ganze Erde und über alles Gewürm, das auf Erden kriecht.

27 Und Gott schuf den Menschen ihm zum

Bilde, zum Bilde Gottes schuf er ihn; und schuf sie einen Mann und ein Weib.

28 Und Gott segnete sie und sprach zu ihnen: Seid fruchtbar und mehrt euch und füllt die Erde und macht sie euch untertan und herrscht über die Fische im Meer und über die Vögel unter dem Himmel und über alles Getier, das auf Erden kriecht.

29 Und Gott sprach: Seht da, ich habe euch gegeben allerlei Kraut, das sich besamt, auf der ganzen Erde und allerlei fruchtbare Bäume, die sich besamen, zu eurer Speise,

30 und allem Getier auf Erden und allen Vögeln unter dem Himmel und allem Gewürm, das da lebt auf Erden, daß sie allerlei grünes Kraut essen. Und es geschah also.

31 Und Gott sah alles an, was er gemacht hatte; und siehe da, es war sehr gut. Da ward aus Abend und Morgen der sechste Tag.

2. Kapitel

Sabbat. Der Mensch im Paradies.
Gottes Gebot. Schöpfung des Weibes. Ehestand.

1 Also ward vollendet Himmel und Erde mit ihrem ganzen Heer.

2 Und also vollendete Gott am siebenten Tage seine Werke, die er machte, und ruhte am

siebenten Tage von allen seinen Werken, die er machte.

3 Und Gott segnete den siebenten Tag und heiligte ihn, darum daß er an demselben geruht hatte von allen seinen Werken, die Gott schuf und machte.

4 Also ist Himmel und Erde geworden, da sie geschaffen sind, zu der Zeit, da Gott der HERR Erde und Himmel machte.

5 Und allerlei Bäume auf dem Felde waren noch nicht auf Erden, und allerlei Kraut auf dem Felde war noch nicht gewachsen; denn Gott der HERR hatte noch nicht regnen lassen auf Erden, und es war kein Mensch, der das Land baute.

6 Aber ein Nebel ging auf von der Erde und feuchtete alles Land.

7 Und Gott der HERR machte den Menschen aus einem Erdenkloß, uns blies ihm ein den lebendigen Odem in seine Nase. Und also ward der Mensch eine lebendige Seele.

8 Und Gott der HERR pflanzte einen Garten in Eden gegen Morgen und setzte den Menschen hinein, den er gemacht hatte.

9 Und Gott der HERR ließ aufwachsen aus der Erde allerlei Bäume, lustig anzusehen und gut zu essen, und den Baum des Lebens mitten im Garten und den Baum der Erkenntnis des Guten und Bösen.

10 Und es ging aus von Eden ein Strom, zu wässern den Garten, und er teilte sich von da in vier Hauptwasser.

11 Das erste heißt Pison, das fließt um das ganze Land Hevila; und daselbst findet man Gold.

12 Und das Gold des Landes ist köstlich; und da findet man Bedellion und den Edelstein Onyx.

13 Das andere Wasser heißt Gihon, das fließt um das ganze Mohrenland.

14 Das dritte Wasser heißt Hiddekel, das fließt vor Assyrien. Das vierte Wasser ist der Euphrat.

15 Und Gott der HERR nahm den Menschen und setzte ihn in den Garten Eden, daß er ihn baute und bewahrte.

16 Und Gott der HERR gebot dem Menschen und sprach: Du sollst essen von allerlei Bäumen im Garten;

17 aber von dem Baum der Erkenntnis des Guten und des Bösen sollst du nicht essen; denn welches Tages du davon ißt, wirst du des Todes sterben.

18 Und Gott der HERR sprach: Es ist nicht gut, daß der Mensch allein sei; ich will ihm eine Gehilfin machen, die um ihn sei.

19 Denn als Gott der HERR gemacht hatte von der Erde allerlei Tiere auf dem Felde und allerlei Vögel unter dem Himmel, brachte er sie zu dem Menschen, daß er sähe, wie er sie nennte; denn der wie Mensch allerlei lebendige Tiere nennen würde, so sollten sie heißen.

20 Und der Mensch gab einem jeglichen Vieh und Vogel unter dem Himmel und Tier auf dem

Felde seinen Namen; aber für den Menschen ward keine Gehilfin gefunden, die um ihn wäre.

21 Da ließ Gott der HERR einen tiefen Schlaf fallen auf den Menschen, und er schlief ein. Und er nahm seiner Rippen eine und schloß die Stätte zu mit Fleisch.

22 Und Gott der HERR baute ein Weib aus der Rippe, die er vom Menschen nahm, und brachte sie zu ihm.

23 Da sprach der Mensch: Das ist doch Bein von meinem Bein und Fleisch von meinem Fleisch; man wird sie Männin heißen, darum daß sie vom Manne genommen ist.

24 Darum wird ein Mann Vater und Mutter verlassen und an seinem Weibe hangen, und sie werden sein ein Fleisch.

25 Und sie waren beide nackt, der Mensch und das Weib, und schämten sich nicht.

3. Kapitel

Sündenfall. Fluch und erste Verheißung.

1 Und die Schlange war listiger denn alle Tiere auf dem Felde, die Gott der HERR gemacht hatte, und sprach zu dem Weibe: Ja, sollte Gott gesagt haben: Ihr sollt nicht essen von den Früchten der Bäume im Garten?

2 Da sprach das Weib zu der Schlange: Wir essen von den Früchten der Bäume im Garten;

3 aber von den Früchten des Baumes mitten im Garten hat Gott gesagt: Eßt nicht davon, rührt's auch nicht an, daß ihr nicht sterbt.

4 Da sprach die Schlange zum Weibe: Ihr werdet mitnichten des Todes sterben;

5 sondern Gott weiß, daß, welches Tages ihr davon eßt, so werden eure Augen aufgetan, und werdet sein wie Gott und wissen, was gut und böse ist.

6 Und das Weib schaute an, daß von dem Baum gut zu essen wäre und daß er lieblich anzusehen und ein lustiger Baum wäre, weil er klug machte; und sie nahm von der Frucht und aß und gab ihrem Mann auch davon, und er aß.

7 Da wurden ihrer beiden Augen aufgetan, und sie wurden gewahr, daß sie nackt waren, und flochten Feigenblätter zusammen und machten sich Schürze.

8 Und sie hörten die Stimme Gottes des HERRN, der im Garten ging, da der Tag kühl geworden war. Und Adam versteckte sich mit seinem Weibe vor dem Angesicht Gottes des HERRN unter die Bäume im Garten.

9 Und Gott der HERR rief Adam und sprach zu ihm: Wo bist du?

10 Und er sprach: Ich hörte deine Stimme im Garten und fürchtete mich; denn ich bin nackt, darum versteckte ich mich.

11 Und er sprach: Wer hat dir's gesagt, daß du nackt bist? Hast du nicht gegessen von dem

Baum, davon ich dir gebot, du solltest nicht davon essen?

12 Da sprach Adam: Das Weib, das du mir zugesellt hast, gab mir von dem Baum, und ich aß.

13 Da sprach Gott der HERR zum Weibe: Warum hast du das getan? Das Weib sprach: Die Schlange betrog mich also, daß ich aß.

14 Da sprach Gott der HERR zu der Schlange: Weil du solches getan hast, seist du verflucht vor allem Vieh und vor allen Tieren auf dem Felde. Auf deinem Bauche sollst du gehen und Erde essen dein Leben lang.

15 Und ich will Feindschaft setzen zwischen dir und dem Weibe und zwischen deinem Samen und ihrem Samen. Derselbe soll dir den Kopf zertreten, und du wirst ihn in die Ferse stechen.

16 Und zum Weibe sprach er: Ich will dir viel Schmerzen schaffen, wenn du schwanger wirst; du sollst mit Schmerzen Kinder gebären; und dein Verlangen soll nach deinem Manne sein, und er soll dein Herr sein.

17 Und zu Adam sprach er: Dieweil du hast gehorcht der Stimme deines Weibes und hast gegessen von dem Baum, davon ich dir gebot und sprach: Du sollst nicht davon essen, verflucht sei der Acker um deinetwillen, mit Kummer sollst du dich darauf nähren dein Leben lang.

18 Dornen und Disteln soll er dir tragen, und sollst das Kraut auf dem Felde essen.

19 Im Schweiße deines Angesichts sollst du dein Brot essen, bis daß du wieder zu Erde werdest, davon du genommen bist. Denn du bist Erde und sollst zu Erde werden.

20 Und Adam hieß sein Weib Eva, darum daß sie eine Mutter ist aller Lebendigen.

21 Und Gott der HERR machte Adam und seinem Weibe Röcke von Fellen und kleidete sie.

22 Und Gott der HERR sprach: Siehe, Adam ist geworden wie unsereiner und weiß, was gut und böse ist. Nun aber, daß er nicht ausstrecke seine Hand und breche auch von dem Baum des Lebens und esse und lebe ewiglich!

23 Da wies ihn Gott der HERR aus dem Garten Eden, daß er das Feld baute, davon er genommen ist,

24 und trieb Adam aus und lagerte vor den Garten Eden die Cherubim mit dem bloßen, hauenden Schwert, zu bewahren den Weg zu dem Baum des Lebens.

4. Kapitel

Adams Söhne; Kains Brudermord.
Seine Nachkommen.

1 Und Adam erkannte sein Weib Eva, und sie ward schwanger und gebar den Kain und

sprach: Ich habe einen Mann gewonnen mit dem HERRN.

2 Und sie fuhr fort und gebar Abel, seinen Bruder. Und Abel ward ein Schäfer; Kain aber ward ein Ackermann.

3 Es begab sich nach etlicher Zeit, daß Kain dem HERRN Opfer brachte von den Früchten des Feldes;

4 und Abel brachte auch von den Erstlingen seiner Herde und von ihrem Fett. Und der HERR sah gnädig an Abel und sein Opfer;

5 aber Kain und sein Opfer sah er nicht gnädig an. Da ergrimmte Kain sehr, und seine Gebärde verstellte sich.

6 Da sprach der HERR zu Kain: Warum ergrimmst du? und warum verstellt sich deine Gebärde?

7 Ist's nicht also? Wenn du fromm bist, so bist du angenehm; bist du aber nicht fromm, so ruht die Sünde vor der Tür, und nach dir hat sie Verlangen; du aber herrsche über sie.

8 Da redete Kain mit seinem Bruder Abel. Und es begab sich, da sie auf dem Felde waren, erhob sich Kain wider seinen Bruder Abel und schlug ihn tot.

9 Da sprach der HERR zu Kain: Wo ist dein Bruder Abel? Er sprach: Ich weiß nicht; soll ich meines Bruders Hüter sein?

10 Er aber sprach: Was hast du getan? Die Stimme des Bluts deines Bruders schreit zu mir von der Erde.

11 Und nun verflucht seist du auf der Erde, die ihr Maul hat aufgetan und deines Bruders Blut von deinen Händen empfangen.

12 Wenn du den Acker bauen wirst, soll er dir hinfort sein Vermögen nicht geben. Unstet und flüchtig sollst du sein auf Erden.

13 Kain aber sprach zu dem HERRN: Meine Sünde ist größer, denn daß sie mir vergeben werden möge.

14 Siehe, du treibst mich heute aus dem Lande, und ich muß mich vor deinem Angesicht verbergen und muß unstet und flüchtig sein auf Erden. So wird mir's gehen, daß mich totschlage, wer mich findet.

15 Aber der HERR sprach zu ihm: Nein; sondern wer Kain totschlägt, das soll siebenfältig gerächt werden. Und der HERR machte ein Zeichen an Kain, daß ihn niemand erschlüge, wer ihn fände.

16 Also ging Kain von dem Angesicht des HERRN und wohnte im Lande Nod, jenseit Eden, gegen Morgen.

17 Und Kain erkannte sein Weib, die ward schwanger und gebar den Henoch. Und er baute eine Stadt, die nannte er nach seines Sohnes Namen Henoch.

18 Henoch aber zeugte Irad, Irad zeugte Mahujael, Mahujael zeugte Methusael, Methusael zeugte Lamech.

19 Lamech aber nahm zwei Weiber; eine hieß Ada, die andere Zilla.

20 Und Ada gebar Jabal; von dem sind hergekommen, die in Hütten wohnten und Vieh zogen.

21 Und sein Bruder hieß Jubal; von dem sind hergekommen die Geiger und Pfeifer.

22 Die Zilla aber gebar auch, nämlich den Thubalkain, den Meister in allerlei Erz-und Eisenwerk. Und die Schwester des Thubalkain war Naema.

23 Und Lamech sprach zu seinen Weibern Ada und Zilla: Ihr Weiber Lamechs, hört meine Rede und merkt, was ich sage: Ich habe einen Mann erschlagen für meine Wunde und einen Jüngling für meine Beule;

24 Kain soll siebenmal gerächt werden, aber Lamech siebenundsiebzigmal.

25 Adam erkannte abermals sein Weib, und sie gebar einen Sohn, den hieß sie Seth; denn Gott hat mir, sprach sie, einen andern Samen gesetzt für Abel, den Kain erwürgt hat.

26 Und Seth zeugte auch einen Sohn und hieß ihn Enos. Zu der Zeit fing man an, zu predigen von des HERRN Namen.

5. Kapitel

Geschlechtsregister des Patriarchen
von Adam bis Noah

1 Dies ist das Buch von des Menschen

Geschlecht. Da Gott den Menschen schuf, machte er ihn nach dem Bilde Gottes;

2 und schuf sie einen Mann und ein Weib und segnete sie und hieß ihren Namen Mensch zur Zeit, da sie geschaffen wurden.

3 Und Adam war hundertunddreißig Jahre alt und zeugte einen Sohn, der seinem Bild ähnlich war und hieß ihn Seth

4 und lebte darnach achthundert Jahre und zeugte Söhne und Töchter;

5 daß sein ganzes Alter ward neunhundertunddreißig Jahre, und starb.

6 Seth war hundertundfünf Jahre alt und zeugte Enos

7 und lebte darnach achthundertundsieben Jahre und zeugte Söhne und Töchter;

8 daß sein ganzes Alter ward neunhundertundzwölf Jahre, und starb.

9 Enos war neunzig Jahre alt und zeugte Kenan

10 und lebte darnach achthundertundfünfzig Jahre und zeugte Söhne und Töchter;

11 daß sein ganzes Alter ward neunhundertundfünf Jahre, und starb.

12 Kenan war siebzig Jahre alt und zeugte Mahalaleel

13 und lebte darnach achthundertundvierzig Jahre und zeugte Söhne und Töchter;

14 daß sein ganzes Alter ward neunhundertundzehn Jahre, und starb.

15 Mahalaleel war fünfundsechzig Jahre und zeugte Jared

16 und lebte darnach achthundertunddreißig Jahre und zeugte Söhne und Töchter;

17 daß sein ganzes Alter ward achthundert und fünfundneunzig Jahre, und starb.

18 Jared war hundertzweiundsechzig Jahre alt und zeugte Henoch

19 und er lebte darnach achthundert Jahre und zeugte Söhne und Töchter;

20 daß sein ganzes Alter ward neunhundertundzweiundsechzig Jahre, und starb.

21 Henoch war fünfundsechzig Jahre alt und zeugte Methusalah.

22 Und nachdem er Methusalah gezeugt hatte, blieb er in einem göttlichen Leben dreihundert Jahre und zeugte Söhne und Töchter;

23 daß sein ganzes Alter ward dreihundertfünfundsechzig Jahre.

24 Und dieweil er ein göttliches Leben führte, nahm ihn Gott hinweg, und er ward nicht mehr gesehen.

25 Methusalah war hundertsiebenundachtzig Jahre alt und zeugte Lamech

26 und lebte darnach siebenhundert und zweiundachtzig Jahre und zeugte Söhne und Töchter;

27 daß sein ganzes Alter ward neunhundert und neunundsechzig Jahre, und starb.

28 Lamech war hundertzweiundachtzig Jahre alt und zeugte einen Sohn

29 und hieß ihn Noah und sprach: Der wird uns

trösten in unsrer Mühe und Arbeit auf der Erde, die der HERR verflucht hat.

30 Darnach lebte er fünfhundert und fünfundneunzig Jahre und zeugte Söhne und Töchter;

31 daß sein ganzes Alter ward siebenhundert siebenundsiebzig Jahre, und starb.

32 Noah war fünfhundert Jahre alt und zeugte Sem, Ham und Japheth.

6. Kapitel

*Bosheit der Menschen. Noah,
Ankündigung der Sintflut. Bau der Arche.*

1 Da sich aber die Menschen begannen zu mehren auf Erden und ihnen Töchter geboren wurden,

2 da sahen die Kinder Gottes nach den Töchtern der Menschen, wie sie schön waren, und nahmen zu Weibern, welche sie wollten.

3 Da sprach der HERR: Die Menschen wollen sich von meinem Geist nicht mehr strafen lassen; denn sie sind Fleisch. Ich will ihnen noch Frist geben hundertundzwanzig Jahre.

4 Es waren auch zu den Zeiten Tyrannen auf Erden; denn da die Kinder Gottes zu den Töchtern der Menschen eingingen und sie ihnen Kinder gebaren, wurden daraus Gewaltige in der Welt und berühmte Männer.

[Zu jener Zeit waren die Riesen auf der Erde und auch später noch, solange die Gottessöhne mit den Menschentöchtern verkehrten und diese ihnen Kinder gebaren. Das sind die Helden, die in der Urzeit lebten, die hochberühmten Männer. (1)

Zu jener Zeit - und auch später noch -, als die Gottessöhne mit den Töchtern der Menschen verkehrten und diese ihnen Kinder gebaren, waren die Riesen auf Erden. Das sind die Helden, die es vor Zeiten gab, die hochberühmten. (2)]

5 Da aber der HERR sah, daß der Menschen Bosheit groß war auf Erden und alles Dichten und Trachten ihres Herzens nur böse war immerdar,

6 da reute es ihn, daß er die Menschen gemacht hatte auf Erden, und es bekümmerte ihn in seinem Herzen,

7 und er sprach: Ich will die Menschen, die ich gemacht habe, vertilgen von der Erde, vom Menschen an bis auf das Vieh und bis auf das Gewürm und bis auf die Vögel unter dem Himmel; denn es reut mich, daß ich sie gemacht habe.

8 Aber Noah fand Gnade vor dem HERRN.

9 Dies ist das Geschlecht Noahs. Noah war ein frommer Mann und ohne Tadel und führte ein göttliches Leben zu seinen Zeiten.

10 und zeugte drei Söhne: Sem, Ham und Japheth.

11 Aber die Erde war verderbt vor Gottes Augen und voll Frevels.

12 Da sah Gott auf die Erde, und siehe, sie war verderbt; denn alles Fleisch hatte seinen Weg verderbt auf Erden.

13 Da sprach Gott zu Noah: Alles Fleisches Ende ist vor mich gekommen; denn die Erde ist voll Frevels von ihnen; und siehe da, ich will sie verderben mit der Erde.

14 Mache dir einen Kasten von Tannenholz und mache Kammern darin und verpiche ihn mit Pech inwendig und auswendig.

15 Und mache ihn also: Dreihundert Ellen sei die Länge, fünfzig Ellen die Weite und dreißig Ellen die Höhe.

16 Ein Fenster sollst du daran machen obenan, eine Elle groß. Die Tür sollst du mitten in seine Seite setzen. Und er soll drei Boden haben: einen unten, den andern in der Mitte, den dritten in der Höhe.

17 Denn siehe, ich will eine Sintflut mit Wasser kommen lassen auf Erden, zu verderben alles Fleisch, darin ein lebendiger Odem ist, unter dem Himmel. Alles, was auf Erden ist, soll untergehen.

18 Aber mit dir will ich einen Bund aufrichten; und du sollst in den Kasten gehen mit deinen Söhnen, mit deinem Weibe und mit deiner Söhne Weibern.

19 Und du sollst in den Kasten tun allerlei Tiere

von allem Fleisch, je ein Paar, Männlein und Weiblein, daß sie lebendig bleiben bei dir.

20 Von den Vögeln nach ihrer Art, von dem Vieh nach seiner Art und von allerlei Gewürm auf Erden nach seiner Art: von den allen soll je ein Paar zu dir hineingehen, daß sie leben bleiben.

21 Und du sollst allerlei Speise zu dir nehmen, die man ißt, und sollst sie bei dir sammeln, daß sie dir und ihnen zur Nahrung da sei.

22 Und Noah tat alles, was ihm Gott gebot.

7. Kapitel

Die Sintflut bricht ein.

1 Und der HERR sprach zu Noah: Gehe in den Kasten, du und dein ganzes Haus; denn ich habe dich gerecht ersehen vor mir zu dieser Zeit.

2 Aus allerlei reinem Vieh nimm zu dir je sieben und sieben, das Männlein und sein Weiblein; von dem unreinen Vieh aber je ein Paar, das Männlein und sein Weiblein.

3 Desgleichen von den Vögeln unter dem Himmel je sieben und sieben, das Männlein und sein Weiblein, auf daß Same lebendig bleibe auf dem ganzen Erdboden.

4 Denn von nun an über sieben Tage will ich regnen lassen auf Erden vierzig Tage und

vierzig Nächte und vertilgen von dem Erdboden alles, was Wesen hat, was ich gemacht habe.

5 Und Noah tat alles, was ihm der HERR gebot.

6 Er war aber sechshundert Jahre alt, da das Wasser der Sintflut auf Erden kam.

7 Und er ging in den Kasten mit seinen Söhnen, seinem Weibe und seiner Söhne Weibern vor dem Gewässer der Sintflut.

8 Von dem reinen Vieh und von dem unreinen, von den Vögeln und von allem Gewürm auf Erden

9 gingen zu ihm in den Kasten paarweise, je ein Männlein und Weiblein, wie ihm Gott geboten hatte.

10 Und da die sieben Tage vergangen waren, kam das Gewässer der Sintflut auf Erden.

11 In dem sechshundertsten Jahr des Alters Noahs, am siebzehnten Tage des zweiten Monats, das ist der Tag, da aufbrachen alle Brunnen der großen Tiefe, und taten sich auf die Fenster des Himmels,

12 und kam ein Regen auf Erden vierzig Tage und vierzig Nächte.

13 Eben am selben Tage ging Noah in den Kasten mit Sem, Ham und Japheth, seinen Söhnen, und mit seinem Weibe und seiner Söhne drei Weibern,

14 dazu allerlei Getier nach seiner Art, allerlei Vieh nach seiner Art, allerlei Gewürm, das auf Erden kriecht, nach seiner Art und allerlei Vögel

nach ihrer Art, alles was fliegen konnte, alles, was Fittiche hatte;

15 das ging alles zu Noah in den Kasten paarweise, von allem Fleisch, darin ein lebendiger Geist war.

16 Und das waren Männlein und Weiblein von allerlei Fleisch, und gingen hinein, wie denn Gott ihm geboten hatte. Und der HERR schloß hinter ihm zu.

17 Da kam die Sintflut vierzig Tage auf Erden, und die Wasser wuchsen und hoben den Kasten auf und trugen ihn empor über die Erde.

18 Also nahm das Gewässer überhand und wuchs sehr auf Erden, daß der Kasten auf dem Gewässer fuhr.

19 Und das Gewässer nahm überhand und wuchs so sehr auf Erden, daß alle hohen Berge unter dem ganzen Himmel bedeckt wurden.

20 Fünfzehn Ellen hoch ging das Gewässer über die Berge, die bedeckt wurden.

21 Da ging alles Fleisch unter, das auf Erden kriecht, an Vögeln, an Vieh, an Tieren und an allem, was sich regt auf Erden, und alle Menschen.

22 Alles, was einen lebendigen Odem hatte auf dem Trockenen, das starb.

23 Also ward vertilgt alles, was auf dem Erdboden war, vom Menschen an bis auf das Vieh und das Gewürm und auf die Vögel unter dem Himmel; das ward alles von der Erde

vertilgt. Allein Noah blieb übrig und was mit ihm in dem Kasten war.

24 Und das Gewässer stand auf Erden hundertundfünfzig Tage.

8. Kapitel

Der Sintflut Ende. Noahs Dankopfer.
Des Herrn Verheißung.

1 Da gedachte Gott an Noah und an alle Tiere und an alles Vieh, das mit ihm in dem Kasten war, und ließ Wind auf Erden kommen, und die Wasser fielen;

2 und die Brunnen der Tiefe wurden verstopft samt den Fenstern des Himmels, und dem Regen vom Himmel ward gewehrt;

3 und das Gewässer verlief sich von der Erde immer mehr und nahm ab nach hundertfünfzig Tagen.

4 Am siebzehnten Tage des siebenten Monats ließ sich der Kasten nieder auf das Gebirge Ararat.

5 Es nahm aber das Gewässer immer mehr ab bis auf den zehnten Monat. Am ersten Tage des zehnten Monats sahen der Berge Spitzen hervor.

6 Nach vierzig Tagen tat Noah das Fenster auf an dem Kasten, das er gemacht hatte,

7 und ließ einen Raben ausfliegen; der flog

immer hin und wieder her, bis das Gewässer vertrocknete auf Erden.

8 Darnach ließ er eine Taube von sich ausfliegen, auf daß er erführe, ob das Gewässer gefallen wäre auf Erden.

9 Da aber die Taube nicht fand, da ihr Fuß ruhen konnte, kam sie wieder zu ihm in den Kasten; denn das Gewässer war noch auf dem ganzen Erdboden. Da tat er die Hand heraus und nahm sie zu sich in den Kasten.

10 Da harrte er noch weitere sieben Tage und ließ abermals eine Taube fliegen aus dem Kasten.

11 Die kam zu ihm zur Abendzeit, und siehe, ein Ölblatt hatte sie abgebrochen und trug's in ihrem Munde. Da merkte Noah, daß das Gewässer gefallen wäre auf Erden.

12 Aber er harrte noch weiter sieben Tage und ließ eine Taube ausfliegen; die kam nicht wieder zu ihm.

13 Im sechshundertundersten Jahr des Alters Noahs, am ersten Tage des ersten Monats vertrocknete das Gewässer auf Erden. Da tat Noah das Dach von dem Kasten und sah, daß der Erdboden trocken war.

14 Also ward die Erde ganz trocken am siebenundzwanzigsten Tage des zweiten Monats.

15 Da redete Gott mit Noah und sprach:

16 Gehe aus dem Kasten, du und dein Weib, deine Söhne und deiner Söhne Weiber mit dir.

17 Allerlei Getier, das bei dir ist, von allerlei Fleisch, an Vögeln, an Vieh und an allerlei Gewürm, das auf Erden kriecht, das gehe heraus mit dir, daß sie sich regen auf Erden und fruchtbar seien und sich mehren auf Erden.

18 Also ging Noah heraus mit seinen Söhnen und seinem Weibe und seiner Söhne Weibern,

19 dazu allerlei Getier, allerlei Gewürm, allerlei Vögel und alles, was auf Erden kriecht; das ging aus dem Kasten, ein jegliches mit seinesgleichen.

20 Noah aber baute dem HERRN einen Altar und nahm von allerlei reinem Vieh und von allerlei reinem Geflügel und opferte Brandopfer auf dem Altar.

21 Und der HERR roch den lieblichen Geruch und sprach in seinem Herzen: Ich will hinfort nicht mehr die Erde verfluchen um der Menschen willen; denn das Dichten des menschlichen Herzens ist böse von Jugend auf. Und ich will hinfort nicht mehr schlagen alles, was da lebt, wie ich getan habe.

22 Solange die Erde steht, soll nicht aufhören Saat und Ernte, Frost und Hitze, Sommer und Winter, Tag und Nacht.

9. Kapitel

Gesetze für die neue Welt. Bund und Regenbogen. Noahs Fluch und Segen über seine Kinder.

1 Und Gott segnete Noah und seine Söhne und sprach: Seid fruchtbar und mehrt euch und erfüllt die Erde.

2 Furcht und Schrecken vor euch sei über alle Tiere auf Erden und über alle Vögel unter dem Himmel, über alles, was auf dem Erdboden kriecht, und über alle Fische im Meer; in eure Hände seien sie gegeben.

3 Alles, was sich regt und lebt, das sei eure Speise; wie das grüne Kraut habe ich's euch alles gegeben.

4 Allein eßt das Fleisch nicht, das noch lebt in seinem Blut.

5 Auch will ich eures Leibes Blut rächen und will's an allen Tieren rächen und will des Menschen Leben rächen an einem jeglichen Menschen als dem, der sein Bruder ist.

6 Wer Menschenblut vergießt, des Blut soll auch durch Menschen vergossen werden; denn Gott hat den Menschen zu seinem Bilde gemacht.

7 Seid fruchtbar und mehrt euch und regt euch auf Erden, daß euer viel darauf werden.

8 Und Gott sagte zu Noah und seinen Söhnen mit ihm:

9 Siehe, ich richte mit euch einen Bund auf und mit eurem Samen nach euch

10 und mit allem lebendigen Getier bei euch, an Vögeln, an Vieh und an allen Tieren auf Erden bei euch, von allem, was aus dem Kasten gegangen ist, was für Tiere es sind auf Erden.

11 Und richte meinen Bund also mit euch auf, daß hinfort nicht mehr alles Fleisch verderbt werden soll mit dem Wasser der Sintflut, und soll hinfort keine Sintflut mehr kommen, die die Erde verderbe.

12 Und Gott sprach: Das ist das Zeichen des Bundes, den ich gemacht habe zwischen mir und euch und allen lebendigen Seelen bei euch hinfort ewiglich:

13 Meinen Bogen habe ich gesetzt in die Wolken; der soll das Zeichen sein des Bundes zwischen mir und der Erde.

14 Und wenn es kommt, daß ich Wolken über die Erde führe, so soll man meinen Bogen sehen in den Wolken.

15 Alsdann will ich gedenken an meinen Bund zwischen mir und euch und allen lebendigen Seelen in allerlei Fleisch, daß nicht mehr hinfort eine Sintflut komme, die alles Fleisch verderbe.

16 Darum soll mein Bogen in den Wolken sein, daß ich ihn ansehe und gedenke an den ewigen Bund zwischen Gott und allen lebendigen Seelen in allem Fleisch, das auf Erden ist.

17 Und Gott sagte zu Noah: Das sei das Zeichen

des Bundes, den ich aufgerichtet habe zwischen mir und allem Fleisch auf Erden.

18 Die Söhne Noahs, die aus dem Kasten gingen, sind diese: Sem, Ham und Japheth. Ham aber ist der Vater Kanaans.

19 Das sind die drei Söhne Noahs, von denen ist alles Land besetzt.

20 Noah aber fing an und ward ein Ackermann und pflanzte Weinberge.

21 Und da er von dem Wein trank, ward er trunken und lag in der Hütte aufgedeckt.

22 Da nun Ham, Kanaans Vater, sah seines Vaters Blöße, sagte er's seinen beiden Brüdern draußen.

23 Da nahmen Sem und Japheth ein Kleid und legten es auf ihrer beider Schultern und gingen rücklings hinzu und deckten des Vaters Blöße zu; und ihr Angesicht war abgewandt, daß sie ihres Vater Blöße nicht sahen.

24 Als nun Noah erwachte von seinem Wein und erfuhr, was ihm sein jüngster Sohn getan hatte,

25 sprach er: Verflucht sei Kanaan und sei ein Knecht aller Knechte unter seinen Brüdern!

26 und sprach weiter: Gelobt sei der HERR, der Gott Sem's; und Kanaan sei sein Knecht!

27 Gott breite Japheth aus, und lasse ihn wohnen in den Hütten des Sem; und Kanaan sei sein Knecht!

28 Noah aber lebte nach der Sintflut dreihundertfünfzig Jahre,

29 daß sein ganzes Alter ward neunhundertundfünfzig Jahre, und starb.

10. Kapitel

Die Völkertafel

1 Dies ist das Geschlecht der Kinder Noahs: Sem, Ham, Japheth. Und sie zeugten Kinder nach der Sintflut.
2 Die Kinder Japheths sind diese: Gomer, Magog, Madai, Javan, Thubal, Mesech und Thiras.
3 Aber die Kinder von Gomer sind diese: Askenas, Riphath und Thorgama.
4 Die Kinder von Javan sind diese: Elisa, Tharsis, die Chittiter und die Dodaniter.
5 Von diesen sind ausgebreitet die Inseln der Heiden in ihren Ländern, jegliche nach ihren Sprachen, Geschlechtern und Leuten.
6 Die Kinder von Ham sind diese: Chus, Mizraim, Put und Kanaan.
7 Aber die Kinder von Chus sind diese: Seba, Hevila, Sabtha, Ragma und Sabthecha. Aber die Kinder von Ragma sind diese: Saba und Dedan.
8 Chus aber zeugte den Nimrod. Der fing an ein gewaltiger Herr zu sein auf Erden,
9 und war ein gewaltiger Jäger vor dem HERRN. Daher spricht man: Das ist ein gewaltiger Jäger vor dem HERRN wie Nimrod.

10 Und der Anfang seines Reiches war Babel, Erech, Akkad und Chalne im Lande Sinear.

11 Von dem Land ist er gekommen nach Assur und baute Ninive und Rehoboth-Ir und Kalah,

12 dazu Resen zwischen Ninive und Kalah. Dies ist die große Stadt.

13 Mizraim zeugte die Luditer, die Anamiter, die Lehabiter, die Naphthuhiter,

14 die Pathrusiter und die Kasluhiter (von dannen sind gekommen die Philister) und die Kaphthoriter.

15 Kanaan aber zeugte Sidon, seinen ersten Sohn, und Heth,

16 den Jebusiter, den Amoriter, den Girgasiter,

17 den Heviter, den Arkiter, den Siniter,

18 den Arvaditer, den Zemariter und den Hamathiter. Daher sind ausgebreitet die Geschlechter der Kanaaniter.

19 Und ihre Grenzen waren von Sidon an durch Gerar bis gen Gaza, bis man kommt gen Sodom, Gomorra, Adama, Zeboim und bis gen Lasa.

20 Das sind die Kinder Hams in ihren Geschlechtern, Sprachen und Leuten.

21 Sem aber, Japheths, des Ältern, Bruder, zeugte auch Kinder, der ein Vater ist aller Kinder von Eber.

22 Und dies sind seine Kinder: Elam, Assur, Arphachsad, Lud und Aram.

23 Die Kinder von Aram sind diese: Uz, Hul, Gether und Mas.

24 Arphachsad aber zeugte Salah, Salah zeugte Eber.
25 Eber zeugte zwei Söhne. Einer hieß Peleg, darum daß zu seiner Zeit die Welt zerteilt ward; des Bruder hieß Joktan.
26 Und Joktan zeugte Almodad, Saleph, Hazarmaveth, Jarah,
27 Hadoram, Usal, Dikla,
28 Obal, Abimael, Saba,
29 Ophir, Hevila und Jobab. Das sind die Kinder von Joktan.
30 Und ihre Wohnung war von Mesa an, bis man kommt gen Sephar, an den Berg gegen Morgen.
31 Das sind die Kinder von Sem in ihren Geschlechtern, Sprachen, Ländern und Leuten.
32 Das sind die Nachkommen der Kinder Noahs in ihren Geschlechtern und Leuten. Von denen sind ausgebreitet die Leute auf Erden nach der Sintflut.

11. Kapitel

Turmbau zu Babel. Verwirrung der Sprachen. Geschlechtsregister von Sem bis Abram.

1 Es hatte aber alle Welt einerlei Zunge und Sprache.
2 Da sie nun zogen gen Morgen, fanden sie ein

ebenes Land im Lande Sinear, und wohnten daselbst.

3 Und sie sprachen untereinander: Wohlauf, laß uns Ziegel streichen und brennen! und nahmen Ziegel zu Stein und Erdharz zu Kalk

4 und sprachen: Wohlauf, laßt uns eine Stadt und einen Turm bauen, des Spitze bis an den Himmel reiche, daß wir uns einen Namen machen! denn wir werden sonst zerstreut in alle Länder.

5 Da fuhr der HERR hernieder, daß er sähe die Stadt und den Turm, die die Menschenkinder bauten.

6 Und der HERR sprach: Siehe, es ist einerlei Volk und einerlei Sprache unter ihnen allen, und haben das angefangen zu tun; sie werden nicht ablassen von allem, was sie sich vorgenommen haben zu tun.

[Jetzt wird ihnen nichts unmöglich sein, was sie zu tun ersinnen. (3)

Und jetzt wird sie nichts davor zurückhalten, das zu tun, was sie sich vorgenommen haben. (4)]

7 Wohlauf, laßt uns herniederfahren und ihre Sprache daselbst verwirren, daß keiner des andern Sprache verstehe!

8 Also zerstreute sie der HERR von dort alle Länder, daß sie mußten aufhören die Stadt zu bauen.

9 Daher heißt ihr Name Babel, daß der HERR daselbst verwirrt hatte aller Länder Sprache und

sie zerstreut von dort in alle Länder.

10 Dies sind die Geschlechter Sems: Sem war hundert Jahre alt und zeugte Arphachsad, zwei Jahre nach der Sintflut,

11 und lebte darnach fünfhundert Jahre und zeugte Söhne und Töchter.

12 Arphachsad war fünfunddreißig Jahre alt und zeugte Salah

13 und lebte darnach vierhundertunddrei Jahre und zeugte Söhne und Töchter.

14 Salah war dreißig Jahre alt und zeugte Eber

15 und lebte darnach vierhundertunddrei Jahre und zeugte Söhne und Töchter.

16 Eber war vierunddreißig Jahre alt und zeugte Peleg

17 und lebte darnach vierhundertunddreißig Jahre und zeugte Söhne und Töchter.

18 Peleg war dreißig Jahre alt und zeugte Regu

19 und lebte darnach zweihundertundneun Jahre und zeugte Söhne und Töchter.

20 Regu war zweiundreißig Jahre alt und zeugte Serug

21 und lebte darnach zweihundertundsieben Jahre und zeugte Söhne und Töchter.

22 Serug war dreißig Jahre alt und zeugte Nahor

23 und lebte darnach zweihundert Jahre und zeugte Söhne und Töchter.

24 Nahor war neunundzwanzig Jahre alt und zeugte Tharah

25 und lebte darnach hundertundneunzehn

Jahre und zeugte Söhne und Töchter.

26 Tharah war siebzig Jahre alt und zeugte Abram, Nahor und Haran.

27 Dies sind die Geschlechter Tharahs: Tharah zeugte Abram, Nahor und Haran. Aber Haran zeugte Lot.

28 Haran aber starb vor seinem Vater Tharah in seinem Vaterlande zu Ur in Chaldäa.

29 Da nahmen Abram und Nahor Weiber. Abrams Weib hieß Sarai, und Nahors Weib Milka, Harans Tochter, der ein Vater war der Milka und der Jiska.

30 Aber Sarai war unfruchtbar und hatte kein Kind.

31 Da nahm Tharah seinen Sohn Abram und Lot, seines Sohnes Harans Sohn, und seine Schwiegertochter Sarai, seines Sohnes Abrams Weib, und führte sie aus Ur in Chaldäa, daß er ins Land Kanaan zöge; und sie kamen gen Haran und wohnten daselbst.

32 Und Tharah war zweihundertundfünf Jahre alt und starb in Haran.

12. Kapitel

Abrams Berufung. Zug nach Kanaan.
Erste Verheißung. Fremdlingsschaft in Ägypten.

1 Und der HERR sprach zu Abram: Gehe aus deinem Vaterlande und von deiner Freundschaft

und aus deines Vaters Hause in ein Land, das ich dir zeigen will.

2 Und ich will dich zum großen Volk machen und will dich segnen und dir einen großen Namen machen, und sollst ein Segen sein.

3 Ich will segnen, die dich segnen, und verfluchen, die dich verfluchen; und in dir sollen gesegnet werden alle Geschlechter auf Erden.

4 Da zog Abram aus, wie der HERR zu ihm gesagt hatte, und Lot zog mit ihm. Abram aber ward fünfundsiebzig Jahre alt, da er aus Haran zog.

5 Also nahm Abram sein Weib Sarai und Lot, seines Bruders Sohn, mit aller ihrer Habe, die sie gewonnen hatten, und die Seelen, die sie erworben hatten in Haran; und zogen aus, zu reisen in das Land Kanaan. Und als sie gekommen waren in dasselbe Land,

6 zog Abram durch bis an die Stätte Sichem und an den Hain More; es wohnten aber zu der Zeit die Kanaaniter im Lande.

7 Da erschien der HERR dem Abram und sprach: Deinem Samen will ich dies Land geben. Und er baute daselbst einen Altar dem HERRN, der ihm erschienen war.

8 Darnach brach er auf von dort an einen Berg, der lag gegen Morgen von der Stadt Beth-El, und richtete seine Hütte auf, daß er Beth-El gegen Abend und Ai gegen Morgen hatte, und baute daselbst dem HERRN einen Altar und predigte von dem Namen des HERRN.

9 Darnach zog Abram weiter und zog aus ins Mittagsland.

10 Es kam aber eine Teuerung in das Land. Da zog Abram hinab nach Ägypten, daß er sich daselbst als ein Fremdling aufhielte; denn die Teuerung war groß im Lande.

11 Und da er nahe an Ägypten kam, sprach er zu seinem Weib Sarai: Siehe, ich weiß, daß du ein schönes Weib von Angesicht bist.

12 Wenn dich nun die Ägypter sehen werden, so werden sie sagen: Das ist sein Weib, und werden mich erwürgen, und dich leben lassen.

13 Sage doch, du seist meine Schwester, auf daß mir's wohl gehe um deinetwillen und meine Seele am Leben bleibe um deinetwillen.

14 Als nun Abram nach Ägypten kam, sahen die Ägypter das Weib, daß sie sehr schön war.

15 Und die Fürsten des Pharao sahen sie und priesen sie vor ihm. Da ward sie in des Pharao Haus gebracht.

16 Und er tat Abram Gutes um ihretwillen. Und er hatte Schafe, Rinder, Esel, Knechte und Mägde, Eselinnen und Kamele.

17 Aber der HERR plagte den Pharao mit großen Plagen und sein Haus um Sarais, Abrams Weibes, willen.

18 Da rief Pharao Abram zu sich und sprach zu ihm: Warum hast du mir das getan? Warum sagtest du mir's nicht, daß sie dein Weib wäre?

19 Warum sprachst du denn, sie wäre deine Schwester? Derhalben ich sie mir zum Weibe

nehmen wollte. Und nun siehe, da hast du dein Weib; nimm sie und ziehe hin.

20 Und Pharao befahl seinen Leuten über ihm, daß sie ihn geleiteten und sein Weib und alles, was er hatte.

13. Kapitel

*Abram scheidet sich von Lot.
Wiederholte Verheißung.*

1 Also zog Abram herauf aus Ägypten mit seinem Weibe und mit allem, was er hatte, und Lot auch mit ihm, ins Mittagsland.

2 Abram aber war sehr reich an Vieh, Silber und Gold.

3 Und er zog immer fort von Mittag bis gen Beth-El, an die Stätte, da am ersten seine Hütte war, zwischen Beth-El und Ai,

4 eben an den Ort, da er zuvor den Altar gemacht hatte. Und er predigte allda den Namen des HERRN.

5 Lot aber, der mit Abram zog, der hatte auch Schafe und Rinder und Hütten.

6 Und das Land konnte es nicht ertragen, daß sie beieinander wohnten; denn ihre Habe war groß, und konnten nicht beieinander wohnen.

7 Und es war immer Zank zwischen den Hirten über Abrams Vieh und zwischen den Hirten

über Lots Vieh. So wohnten auch zu der Zeit die Kanaaniter und Pheresiter im Lande.

8 Da sprach Abram zu Lot: Laß doch nicht Zank sein zwischen mir und dir und zwischen meinen und deinen Hirten; denn wir sind Gebrüder.

9 Steht dir nicht alles Land offen? Scheide dich doch von mir. Willst du zur Linken, so will ich zur Rechten; oder willst du zur Rechten, so will ich zur Linken.

10 Da hob Lot seine Augen auf und besah die ganze Gegend am Jordan. Denn ehe der HERR Sodom und Gomorra verderbte, war sie wasserreich, bis man gen Zoar kommt, als ein Garten des HERRN, gleichwie Ägyptenland.

11 Da erwählte sich Lot die ganze Gegend am Jordan und zog gegen Morgen. Also schied sich ein Bruder von dem andern,

12 daß Abram wohnte im Lande Kanaan und Lot in den Städten der Jordangegend und setzte seine Hütte gen Sodom.

13 Aber die Leute zu Sodom waren böse und sündigten sehr wider den HERRN.

14 Da nun Lot sich von Abram geschieden hatte, sprach der HERR zu Abram: Hebe deine Augen auf und siehe von der Stätte an, da du wohnst, gegen Mittag, gegen Morgen und gegen Abend.

15 Denn alles Land, das du siehst, will ich dir geben und deinem Samen ewiglich;

16 und ich will deinen Samen machen wie den Staub auf Erden. Kann ein Mensch den Staub auf

Erden zählen, der wird auch deinen Samen zählen.

17 Darum so mache dich auf und ziehe durch das Land in die Länge und Breite; denn dir will ich's geben.

18 Also erhob Abram sein Hütte, kam und wohnte im Hain Mamre, der zu Hebron ist, und baute daselbst dem HERRN einen Altar.

14. Kapitel

Krieg der Könige. Abram errettet Lot und wird von Melchisedek gesegnet.

1 Und es begab sich zu der Zeit des Königs Amraphel von Sinear, Ariochs, des Königs von Ellasar, Kedor-Laomors, des Königs von Elam, und Thideals, des Königs der Heiden,

2 daß sie kriegten mit Bera, dem König von Sodom, und mit Birsa, dem König von Gomorra, und mit Sineab, dem König von Adama, und mit Semeber, dem König von Zeboim, und mit dem König von Bela, das Zoar heißt.

3 Diese kamen alle zusammen in das Tal Siddim, wo nun das Salzmeer ist.

4 Denn sie waren zwölf Jahre unter dem König Kedor-Laomor gewesen, und im dreizehnten Jahr waren sie von ihm abgefallen.

5 Darum kam Kedor-Laomor und die Könige, die mit ihm waren, im vierzehnten Jahr und

schlugen die Riesen zu Astharoth-Karnaim [und schlugen die Refaiter (5)] und die Susiter zu Ham und die Emiter in dem Felde Kirjathaim

6 und die Horiter auf dem Gebirge Seir, bis El-Pharan, welches an die Wüste stößt.

7 Darnach wandten sie um und kamen an den Born Mispat, das ist Kades, und schlugen das ganze Land der Amalekiter, dazu die Amoriter, die zu Hazezon-Thamar wohnten.

8 Da zogen aus der König von Sodom, der König von Gomorra, der König von Adama, der König von Zeboim und der König von Bela, das Zoar heißt, und rüsteten sich, zu streiten im Tal Siddim

9 mit Kedor-Laomor, dem König von Elam, und mit Thideal, dem König der Heiden, und mit Amraphel, dem König von Sinear, und mit Arioch, dem König von Ellasar: vier Könige mit fünfen.

10 Das Tal Siddim aber hatte viel Erdharzgruben; und die Könige von Sodom und Gomorra wurden in die Flucht geschlagen und fielen da hinein, und was übrig blieb, floh auf das Gebirge.

11 Da nahmen sie alle Habe zu Sodom und Gomorra und alle Speise und zogen davon.

12 Sie nahmen auch mit sich Lot, Abrams Bruderssohn, und seine Habe, denn er wohnte zu Sodom, und zogen davon.

13 Da kam einer, der entronnen war, und sagte es Abram an, dem Ausländer, der da wohnte im

Hain Mamres, des Amoriters, welcher ein Bruder war Eskols und Aners. Diese waren mit Abram im Bunde.

14 Als nun Abram hörte, daß sein Bruder gefangen war, wappnete er seine Knechte, dreihundertundachtzehn, in seinem Hause geboren, und jagte ihnen nach bis gen Dan

15 und teilte sich, fiel des Nachts über sie mit seinen Knechten und schlug sie und jagte sie bis gen Hoba, das zur Linken der Stadt Damaskus liegt,

16 und brachte alle Habe wieder, dazu auch Lot, seinen Bruder, mit seiner Habe, auch die Weiber und das Volk.

17 Als er nun wiederkam von der Schlacht des Kedor-Laomor und der Könige mit ihm, ging ihm entgegen der König von Sodom in das Feld, das Königstal heißt.

18 Aber Melchisedek, der König von Salem, trug Brot und Wein hervor. Und er war ein Priester Gottes des Höchsten.

19 Und segnete ihn und sprach: Gesegnet seist du, Abram, dem höchsten Gott, der Himmel und Erde geschaffen hat;

20 und gelobt sei Gott der Höchste, der deine Feinde in deine Hand beschlossen hat. Und demselben gab Abram den Zehnten von allem.

21 Da sprach der König von Sodom zu Abram: Gib mir die Leute; die Güter behalte dir.

22 Aber Abram sprach zu dem König von Sodom: Ich hebe mein Hände auf zu dem

HERRN, dem höchsten Gott, der Himmel und Erde geschaffen hat,

23 daß ich von allem, was dein ist, nicht einen Faden noch einen Schuhriemen nehmen will, daß du nicht sagst, du hast Abram reich gemacht;

24 ausgenommen, was die Jünglinge verzehrt haben; und die Männer Aner, Eskol und Mamre, die mit mir gezogen sind, die laß ihr Teil nehmen.

15. Kapitel

Dem Abram wird ein Sohn verheißen.
Sein Glaube. Gottes Bund mit ihm.

1 Nach diesen Geschichten begab sich's, daß zu Abram geschah das Wort des HERRN im Gesicht und sprach: Fürchte dich nicht Abram! Ich bin dein Schild und dein sehr großer Lohn.

2 Abram sprach aber: HERR HERR, was willst du mir geben? Ich gehe dahin ohne Kinder; und dieser Elieser von Damaskus wird mein Haus besitzen.

3 Und Abram sprach weiter: Mir hast du keinen Samen gegeben; und siehe, einer von meinem Gesinde soll mein Erbe sein.

4 Und siehe, der HERR sprach zu ihm: Er soll nicht dein Erbe sein; sondern der von deinem Leib kommen wird, der soll dein Erbe sein.

5 Und er hieß ihn hinausgehen und sprach: Siehe gen Himmel und zähle die Sterne; kannst du sie zählen? und sprach zu ihm: Also soll dein Same werden.

6 Abram glaubte dem HERRN, und das rechnete er ihm zur Gerechtigkeit.

7 Und er sprach zu ihm: Ich bin der HERR, der dich von Ur in Chaldäa ausgeführt hat, daß ich dir dies Land zu besitzen gebe.

8 Abram aber sprach: HERR HERR, woran soll ich merken, daß ich's besitzen werde?

9 Und er sprach zu ihm: Bringe mir eine dreijährige Kuh und eine dreijährige Ziege und einen dreijährigen Widder und eine Turteltaube und eine junge Taube.

10 Und er brachte ihm solches alles und zerteilte es mitten voneinander und legte einen Teil dem andern gegenüber; aber die Vögel zerteilte er nicht.

11 Und die Raubvögel fielen auf die Aase; aber Abram scheuchte sie davon.

12 Da nun die Sonne am Untergehen war, fiel ein tiefer Schlaf auf Abram; und siehe, Schrecken und große Finsternis überfiel ihn.

13 Da sprach er zu Abram: Das sollst du wissen, daß dein Same wird fremd sein in einem Lande, das nicht sein ist; und da wird man sie zu dienen zwingen und plagen vierhundert Jahre.

14 Aber ich will richten das Volk, dem sie dienen müssen. Darnach sollen sie ausziehen mit großem Gut.

15 Und du sollst fahren zu deinen Vätern mit Frieden und in gutem Alter begraben werden.

16 Sie aber sollen nach vier Mannesaltern wieder hierher kommen; denn die Missetat der Amoriter ist noch nicht voll.

17 Als nun die Sonne untergegangen und es finster geworden war, siehe, da rauchte ein Ofen, und eine Feuerflamme fuhr zwischen den Stücken hin.

[Als die Sonne untergegangen und es ganz finster geworden war, da war es wie ein rauchender Ofen und eine Feuerfackel, was zwischen jenen Fleischstücken hindurchfuhr. (6)]

18 An dem Tage machte der HERR einen Bund mit Abram und sprach: Deinem Samen will ich dies Land geben, von dem Wasser Ägyptens an bis an das große Wasser Euphrat:

19 die Keniter, die Kenisiter, die Kadmoniter,

20 die Hethiter, die Pheresiter, die Riesen [Rephaiter (7)],

21 die Amoriter, die Kanaaniter, die Girgasiter, die Jebusiter.

16. Kapitel

Hagars Fluch und Rückkehr. Ismaels Geburt.

1 Sarai, Abrams Weib, gebar ihm kein Kind. Sie hatte eine ägyptische Magd, die hieß Hagar.

2 Und sie sprach zu Abram: Siehe, der HERR

hat mich verschlossen, daß ich nicht gebären kann. Gehe doch zu meiner Magd, ob ich vielleicht aus ihr mich aufbauen möge. Und Abram gehorchte der Stimme Sarais.

3 Da nahm Sarai, Abrams Weib, ihre ägyptische Magd, Hagar, und gab sie Abram, ihrem Mann, zum Weibe, nachdem sie zehn Jahre im Lande Kanaan gewohnt hatten.

4 Und er ging zu Hagar, die ward schwanger. Als sie nun sah, daß sie schwanger war, achtete sie ihre Frau gering gegen sich.

5 Da sprach Sarai zu Abram: Du tust unrecht an mir. Ich habe meine Magd dir in die Arme gegeben; nun sie aber sieht, daß sie schwanger geworden ist, muß ich gering sein in ihren Augen. Der HERR sei Richter zwischen mir und dir.

6 Abram aber sprach zu Sarai: Siehe, deine Magd ist unter deiner Gewalt; tue mit ihr, wie dir's gefällt. Da sie nun Sarai wollte demütigen, floh sie von ihr.

7 Aber der Engel des HERRN fand sie bei einem Wasserbrunnen in der Wüste, nämlich bei dem Brunnen am Wege gen Sur.

8 Der sprach zu ihr: Hagar, Sarais Magd, wo kommst du her, und wo willst du hin? Sie sprach: Ich bin von meiner Frau Sarai geflohen.

9 Und der Engel des HERRN sprach zu ihr: Kehre wieder um zu deiner Frau, und demütige dich unter ihre Hand.

10 Und der Engel des HERRN sprach zu ihr: Ich

will deinen Samen also mehren, daß er vor großer Menge nicht soll gezählt werden.

11 Weiter sprach der Engel des HERRN zu ihr: Siehe, du bist schwanger geworden und wirst einen Sohn gebären, des namen sollst du Ismael heißen, darum daß der HERR dein Elend erhört hat.

12 Er wird ein wilder Mensch sein: seine Hand wider jedermann und jedermanns Hand wider ihn, und wird gegen alle seine Brüder wohnen.

13 Und sie hieß den Namen des HERRN, der mit ihr redete: Du Gott siehst mich. Denn sie sprach: Gewiß habe ich hier gesehen den, der mich hernach angesehen hat.

14 Darum hieß man den Brunnen einen Brunnen des Lebendigen, der mich ansieht; welcher Brunnen ist zwischen Kades und Bared.

15 Und Hagar gebar einen Sohn; und Abram hieß den Sohn, den ihm Hagar gebar, Ismael.

16 Und Abram war sechsundachtzig Jahre alt, da ihm Hagar den Ismael gebar.

17. Kapitel

Abram und Sarai erhalten die Namen Abraham und Sarah. Beschneidung. Verheißung Isaaks.

1 Als nun Abram neunundneunzig Jahre alt war, erschien ihm der HERR und sprach zu ihm: Ich

bin der allmächtige Gott; wandle vor mir und sei fromm.

2 Und ich will meinen Bund zwischen mir und dir machen und ich will dich gar sehr mehren.

3 Da fiel Abram auf sein Angesicht. Und Gott redete weiter mit ihm und sprach:

4 Siehe, ich bin's und habe meinen Bund mit dir, und du sollst ein Vater vieler Völker werden.

5 Darum sollst du nicht mehr Abram heißen, sondern Abraham soll dein Name sein; denn ich habe dich gemacht zum Vater vieler Völker

6 und will dich gar sehr fruchtbar machen und will von dir Völker machen, und sollen auch Könige von dir kommen.

7 Und ich will aufrichten meinen Bund zwischen mir und dir und deinem Samen nach dir, bei ihren Nachkommen, daß es ein ewiger Bund sei, also daß ich dein Gott sei und deines Samens nach dir,

8 und ich will dir und deinem Samen nach dir geben das Land, darin du ein Fremdling bist, das ganze Land Kanaan, zu ewiger Besitzung, und will ihr Gott sein.

9 Und Gott sprach zu Abraham: So halte nun meinen Bund, du und dein Same nach dir, bei ihren Nachkommen.

10 Das ist aber mein Bund, den ihr halten sollt zwischen mir und euch und deinem Samen nach dir: Alles, was männlich ist unter euch, soll beschnitten werden.

11 Ihr sollt aber die Vorhaut an eurem Fleisch

beschneiden. Das soll ein Zeichen sein des Bundes zwischen mir und euch.

12 Ein jegliches Knäblein, wenn's acht Tage alt ist, sollt ihr beschneiden bei euren Nachkommen.

13 Beschnitten werden soll alles Gesinde, das dir daheim geboren oder erkauft ist. Und also soll mein Bund an eurem Fleisch sein zum ewigen Bund.

14 Und wo ein Mannsbild nicht wird beschnitten an der Vorhaut seines Fleisches, des Seele soll ausgerottet werden aus seinem Volk, darum daß es meinen Bund unterlassen hat.

15 Und Gott sprach abermals zu Abraham: Du sollst dein Weib Sarai nicht mehr Sarai heißen, sondern Sara soll ihr Name sein.

16 Denn ich will sie segnen, und auch von ihr will ich dir einen Sohn geben; denn ich will sie segnen, und Völker sollen aus ihr werden und Könige über viele Völker.

17 Da fiel Abraham auf sein Angesicht und lachte, und sprach in seinem Herzen: Soll mir, hundert Jahre alt, ein Kind geboren werden, und Sara, neunzig Jahre alt, gebären?

18 Und Abraham sprach zu Gott: Ach, daß Ismael leben sollte vor dir!

19 Da sprach Gott: Ja, Sara, dein Weib, soll dir einen Sohn gebären, den sollst du Isaak heißen; denn mit ihm will ich meinen ewigen Bund aufrichten und mit seinem Samen nach ihm.

20 Dazu um Ismael habe ich dich auch erhört.

Siehe, ich habe ihn gesegnet und will ihn fruchtbar machen und mehren gar sehr. Zwölf Fürsten wird er zeugen, und ich will ihn zum großen Volk machen.

21 Aber meinen Bund will ich aufrichten mit Isaak, den dir Sara gebären soll um diese Zeit im andern Jahr.

22 Und er hörte auf, mit ihm zu reden. Und Gott fuhr auf von Abraham.

23 Da nahm Abraham seinen Sohn Ismael und alle Knechte, die daheim geboren, und alle, die erkauft, und alles, was männlich war in seinem Hause, und beschnitt die Vorhaut an ihrem Fleisch ebendesselben Tages, wie ihm Gott gesagt hatte.

24 Und Abraham war neunundneunzig Jahre alt, da er die Vorhaut an seinem Fleisch beschnitt.

25 Ismael aber, sein Sohn, war dreizehn Jahre alt, da seines Fleisches Vorhaut beschnitten ward.

26 Eben auf einen Tag wurden sie alle beschnitten, Abraham, sein Sohn Ismael,

27 und was männlich in seinem Hause war, daheim geboren und erkauft von Fremden; es ward alles mit ihm beschnitten.

18. Kapitel

Besuch in Mamre. Isaak nochmals verheißen. Sodoms Untergang verkündigt. Abrahams Fürbitte.

1 Und der HERR erschien ihm im Hain Mamre, da saß er an der Tür seiner Hütte, da der Tag am heißesten war.

2 Und als er seine Augen aufhob und sah, siehe, da standen drei Männer vor ihm. Und da er sie sah, lief er ihnen entgegen von der Tür seiner Hütte und bückte sich nieder zur Erde

3 und sprach: HERR, habe ich Gnade gefunden vor deinen Augen, so gehe nicht an deinem Knecht vorüber.

4 Man soll euch ein wenig Wasser bringen und eure Füße waschen, und lehnt euch unter den Baum.

5 Und ich will einen Bissen Brot bringen, daß ihr euer Herz labt; darnach sollt ihr fortgehen. Denn darum seid ihr zu eurem Knecht gekommen. Sie sprachen: Tue wie du gesagt hast.

6 Abraham eilte in die Hütte zu Sara und sprach: Eile und menge drei Maß Semmelmehl, knete und backe Kuchen.

7 Er aber lief zu den Rindern und holte ein zartes, gutes Kalb und gab's dem Knechte; der eilte und bereitete es zu.

8 Und er trug auf Butter und Milch und von dem Kalbe, das er zubereitet hatte, und setzte es

ihnen vor und blieb stehen vor ihnen unter dem Baum, und sie aßen.

9 Da sprachen sie zu ihm: Wo ist dein Weib Sara? Er antwortete: Drinnen in der Hütte.

10 Da sprach er: Ich will wieder zu dir kommen über ein Jahr; siehe, so soll Sara, dein Weib, einen Sohn haben. Das hörte Sara hinter ihm, hinter der Tür der Hütte.

11 Und sie waren beide, Abraham und Sara, alt und wohl betagt, also daß es Sara nicht mehr ging nach der Weiber Weise.

12 Darum lachte sie bei sich selbst und sprach: Nun ich alt bin, soll ich noch Wollust pflegen, und mein Herr ist auch alt?

13 Da sprach der HERR zu Abraham: Warum lacht Sara und spricht: Meinst du, das es wahr sei, daß ich noch gebären werde, so ich doch alt bin?

14 Sollte dem HERRN etwas unmöglich sein? Um diese Zeit will ich wieder zu dir kommen über ein Jahr, so soll Sara einen Sohn haben.

15 Da leugnete Sara und sprach: Ich habe nicht gelacht; denn sie fürchtete sich. Aber er sprach: Es ist nicht also; du hast gelacht.

16 Da standen die Männer auf von dannen und wandten sich gegen Sodom; und Abraham ging mit ihnen, daß er sie geleitete.

17 Da sprach der HERR: Wie kann ich Abraham verbergen, was ich tue,

18 sintemal er ein großes und mächtiges Volk

soll werden, und alle Völker auf Erden in ihm gesegnet werden sollen?

19 Denn ich weiß, er wird befehlen seinen Kindern und seinem Hause nach ihm, daß sie des HERRN Wege halten und tun, was recht und gut ist, auf daß der HERR auf Abraham kommen lasse, was er ihm verheißen hat.

20 Und der HERR sprach: Es ist ein Geschrei zu Sodom und Gomorra, das ist groß, und ihre Sünden sind sehr schwer.

21 Darum will ich hinabfahren und sehen, ob sie alles getan haben nach dem Geschrei, das vor mich gekommen ist, oder ob's nicht also sei, daß ich's wisse.

22 Und die Männer wandten ihr Angesicht und gingen gen Sodom; aber Abraham blieb stehen vor dem HERRN

23 und trat zu ihm und sprach: Willst du denn den Gerechten mit dem Gottlosen umbringen?

24 Es mögen vielleicht fünfzig Gerechte in der Stadt sein; wolltest du die umbringen und dem Ort nicht vergeben um fünfzig Gerechter willen, die darin wären?

25 Das sei ferne von dir, daß du das tust und tötest den Gerechten mit dem Gottlosen, daß der Gerechte sei gleich wie der Gottlose! Das sei ferne von dir, der du aller Welt Richter bist! Du wirst so nicht richten.

26 Der HERR sprach: Finde ich fünfzig Gerechte zu Sodom in der Stadt, so will ich um ihrer willen dem ganzen Ort vergeben.

27 Abraham antwortete und sprach: Ach siehe, ich habe mich unterwunden zu reden mit dem HERRN, wie wohl ich Erde und Asche bin.

28 Es möchten vielleicht fünf weniger denn fünfzig Gerechte darin sein; wolltest du denn die ganze Stadt verderben um der fünf willen? Er sprach: Finde ich darin fünfundvierzig, so will ich sie nicht verderben.

29 Und er fuhr fort mit ihm zu reden und sprach: Man möchte vielleicht vierzig darin finden. Er aber sprach: Ich will ihnen nichts tun um der vierzig willen.

30 Abraham sprach: Zürne nicht, HERR, daß ich noch mehr rede. Man möchte vielleicht dreißig darin finden. Er aber sprach: Finde ich dreißig darin, so will ich ihnen nichts tun.

31 Und er sprach: Ach siehe, ich habe mich unterwunden mit dem HERRN zu reden. Man möchte vielleicht zwanzig darin finden. Er antwortete: Ich will sie nicht verderben um der zwanzig willen.

32 Und er sprach: Ach zürne nicht, HERR, daß ich nur noch einmal rede. Man möchte vielleicht zehn darin finden. Er aber sprach: Ich will sie nicht verderben um der zehn willen.

33 Und der HERR ging hin, da er mit Abraham ausgeredet hatte; und Abraham kehrte wieder um an seinen Ort.

19. Kapitel

*Vertilgung Sodoms. Lots Errettung.
Sünde der Töchter Lots.*

1 Die zwei Engel kamen gen Sodom des Abends; Lot aber saß zu Sodom unter dem Tor. Und da er sie sah, stand er auf, ihnen entgegen, und bückte sich mit seinem Angesicht zur Erde

2 und sprach: Siehe, liebe Herren, kehrt doch ein zum Hause eures Knechtes und bleibt über Nacht; laßt eure Füße waschen, so steht ihr morgens früh auf und zieht eure Straße. Aber sie sprachen: Nein, sondern wir wollen über Nacht auf der Gasse bleiben.

3 Da nötigte er sie sehr; und sie kehrten zu ihm ein und kamen in sein Haus. Und er machte ihnen ein Mahl und buk ungesäuerte Kuchen; und sie aßen.

4 Aber ehe sie sich legten, kamen die Leute der Stadt Sodom und umgaben das ganze Haus, jung und alt, das ganze Volk aus allen Enden,

5 und forderten Lot und sprachen zu ihm: Wo sind die Männer, die zu dir gekommen sind diese Nacht? Führe sie heraus zu uns, daß wir sie erkennen.

6 Lot ging heraus zu ihnen vor die Tür und schloß die Tür hinter sich zu

7 und sprach: Ach, liebe Brüder, tut nicht so übel!

8 Siehe, ich habe zwei Töchter, die haben noch

keinen Mann erkannt, die will ich herausgeben unter euch, und tut mit ihnen, was euch gefällt; allein diesen Männern tut nichts, denn darum sind sie unter den Schatten meines Daches eingegangen.

9 Sie aber sprachen: Geh hinweg! und sprachen auch: Du bist der einzige Fremdling hier und willst regieren? Wohlan, wir wollen dich übler plagen denn jene. Und sie drangen hart auf den Mann Lot. Und da sie hinzuliefen und wollten die Tür aufbrechen,

10 griffen die Männer hinaus und zogen Lot hinein zu sich ins Haus und schlossen die Tür zu.

11 Und die Männer vor der Tür wurden mit Blindheit geschlagen, klein und groß, bis sie müde wurden und die Tür nicht finden konnten.

12 Und die Männer sprachen zu Lot: Hast du noch irgend hier einen Eidam und Söhne und Töchter, und wer dir angehört in der Stadt, den führe aus dieser Stätte.

13 Denn wir werden diese Stätte verderben, darum daß ihr Geschrei groß ist vor dem HERRN; der hat uns gesandt, sie zu verderben.

14 Da ging Lot hinaus und redete mit seinen Eidamen, die seine Töchter nehmen sollten: Macht euch auf und geht aus diesem Ort; denn der HERR wird diese Stadt verderben. Aber es war ihnen lächerlich.

15 Da nun die Morgenröte aufging, hießen die Engel den Lot eilen und sprachen: Mache dich auf, nimm dein Weib und deine zwei Töchter,

die vorhanden sind, daß du nicht auch umkommst in der Missetat dieser Stadt.

16 Da er aber verzog, ergriffen die Männer ihn und sein Weib und seine zwei Töchter bei der Hand, darum daß der HERR ihn verschonte, und führten ihn hinaus und ließen ihn draußen vor der Stadt.

17 Und als sie ihn hatten hinausgebracht, sprach er: Errette dein Seele und sieh nicht hinter dich; auch stehe nicht in dieser ganzen Gegend. Auf den Berg rette dich, daß du nicht umkommst.

18 Aber Lot sprach zu ihnen: Ach nein, Herr!

19 Siehe, dieweil dein Knecht Gnade gefunden hat vor deinen Augen, so wollest du deine Barmherzigkeit groß machen, die du an mir getan hast, daß du meine Seele am Leben erhieltest. Ich kann mich nicht auf den Berg retten; es möchte mich ein Unfall ankommen, daß ich stürbe.

20 Siehe, da ist eine Stadt nahe, darein ich fliehen kann, und sie ist klein; dahin will ich mich retten (ist sie doch klein), daß meine Seele lebendig bleibe.

21 Da sprach er zu ihm: Siehe, ich habe auch in diesem Stück dich angesehen, daß ich die Stadt nicht umkehre, von der du geredet hast.

22 Eile und rette dich dahin; denn ich kann nichts tun, bis daß du hineinkommst. Daher ist diese Stadt genannt Zoar.

23 Und die Sonne war aufgegangen auf Erden, da Lot nach Zoar kam.

24 Da ließ der HERR Schwefel und Feuer regnen vom Himmel herab auf Sodom und Gomorra

25 und kehrte die Städte um und die ganze Gegend und alle Einwohner der Städte und was auf dem Lande gewachsen war.

26 Und sein Weib sah hinter sich und ward zur Salzsäule.

27 Abraham aber machte sich des Morgens früh auf an den Ort, da er gestanden vor dem HERRN,

28 und wandte sein Angesicht gegen Sodom und Gomorra und alles Land der Gegend und schaute; und siehe, da ging Rauch auf vom Lande wie ein Rauch vom Ofen.

29 Und es geschah, da Gott die Städte in der Gegend verderbte, gedachte er an den Abraham und geleitete Lot aus den Städten, die er umkehrte, darin Lot wohnte.

30 Und Lot zog aus Zoar und blieb auf dem Berge mit seinen beiden Töchtern; denn er fürchtete sich, zu Zoar zu bleiben; und blieb also in einer Höhle mit seinen beiden Töchtern.

31 Da sprach die ältere zu der jüngeren: Unser Vater ist alt, und ist kein Mann mehr auf Erden der zu uns eingehen möge nach aller Welt Weise;

32 so komm, laß uns unserm Vater Wein zu

trinken geben und bei ihm schlafen, daß wir Samen von unserm Vater erhalten.

33 Also gaben sie ihrem Vater Wein zu trinken in derselben Nacht. Und die erste ging hinein und legte sich zu ihrem Vater; und der ward's nicht gewahr, da sie sich legte noch da sie aufstand.

34 Des Morgens sprach die ältere zu der jüngeren: Siehe, ich habe gestern bei meinem Vater gelegen. Laß uns ihm diese Nacht auch Wein zu trinken geben, daß du hineingehst und legst dich zu ihm, daß wir Samen von unserm Vater erhalten.

35 Also gaben sie ihrem Vater die Nacht auch Wein zu trinken. Und die jüngere machte sich auf und legte sich zu ihm; und er ward's nicht gewahr, da sie sich legte noch da sie aufstand.

36 Also wurden beide Töchter Lots schwanger von ihrem Vater.

37 Und die ältere gebar einen Sohn, den nannte sie Moab. Von dem kommen her die Moabiter bis auf den heutigen Tag.

38 Und die jüngere gebar auch einen Sohn, den hieß sie das Kind Ammi. Von dem kommen die Kinder Ammon bis auf den heutigen Tag.

20. Kapitel

Sara wird dem Abraham von Abimelech genommen und mit Gewinn wiedergegeben.

1 Abraham aber zog von dannen ins Land gegen Mittag und wohnte zwischen Kades und Sur und ward ein Fremdling zu Gerar.

2 Er sprach aber von seinem Weibe Sara: Es ist meine Schwester. Da sandte Abimelech, der König zu Gerar, nach ihr und ließ sie holen.

3 Aber Gott kam zu Abimelech des Nachts im Traum und sprach zu ihm: Siehe da, du bist des Todes um des Weibes willen, das du genommen hast; denn sie ist eines Mannes Eheweib.

4 Abimelech aber hatte sie nicht berührt und sprach: HERR, willst du denn auch ein gerechtes Volk erwürgen?

5 Hat er nicht zu mir gesagt: Sie sei seine Schwester? Und sie hat auch gesagt: Er ist mein Bruder. Habe ich doch das getan mit einfältigem Herzen und unschuldigen Händen.

6 Und Gott sprach zu ihm im Traum: Ich weiß auch, daß du mit einfältigem Herzen das getan hast. Darum habe ich dich auch behütet, daß du nicht wider mich sündigtest, und habe es nicht zugegeben, daß du sie berührtest.

7 So gib nun dem Manne sein Weib wieder, denn er ist ein Prophet; und laß ihn für dich bitten, so wirst du lebendig bleiben. Wo du sie

aber nicht wiedergibst, so wisse, daß du des Todes sterben mußt und alles, was dein ist.

8 Da stand Abimelech des Morgens früh auf und rief alle seine Knechte und sagte ihnen dieses alles vor ihren Ohren. Und die Leute fürchteten sich sehr.

9 Und Abimelech rief Abraham auch und sprach zu ihm: Warum hast du uns das getan? Und was habe ich an dir gesündigt, daß du so eine große Sünde wolltest auf mich und mein Reich bringen? Du hast mit mir gehandelt, wie man nicht handeln soll.

10 Und Abimelech sprach weiter zu Abraham: Was hast du gesehen, daß du solches getan hast?

11 Abraham sprach: Ich dachte, vielleicht ist keine Gottesfurcht an diesem Orte, und sie werden mich um meines Weibes willen erwürgen.

12 Auch ist sie wahrhaftig meine Schwester; denn sie ist meines Vaters Tochter, aber nicht meiner Mutter Tochter, und ist mein geworden.

13 Da mich aber Gott aus meines Vaters Hause wandern hieß, sprach ich zu ihr: Die Barmherzigkeit tu an mir, daß, wo wir hinkommen, du sagst, ich sei dein Bruder.

14 Da nahm Abimelech Schafe und Rinder, Knechte und Mägde und gab sie Abraham und gab ihm wieder sein Weib Sara

15 und sprach: Siehe da, mein Land steht dir offen; wohne, wo dir's wohl gefällt.

16 Und sprach zu Sara: Siehe da, ich habe deinem Bruder tausend Silberlinge gegeben; siehe, das soll dir eine Decke der Augen sein vor allen, die bei dir sind, und allenthalben. Und damit war ihr Recht verschafft.

17 Abraham aber betete zu Gott; da heilte Gott Abimelech und sein Weib und seine Mägde, daß sie Kinder gebaren.

18 Denn der HERR hatte zuvor hart verschlossen alle Mütter des Hauses Abimelechs um Saras, Abrahams Weibes, willen.

21. Kapitel

Isaaks Geburt. Austreibung Ismaels und seiner Mutter. Abrahams Bund mit Abimelech.

1 Und der HERR suchte heim Sara, wie er geredet hatte, und tat mit ihr, wie er geredet hatte.

2 Und Sara ward schwanger und gebar Abraham einen Sohn in seinem Alter um die Zeit, von der ihm Gott geredet hatte.

3 Und Abraham hieß seinen Sohn, der ihm geboren war, Isaak, den ihm Sara gebar,

4 und beschnitt ihn am achten Tage, wie ihm Gott geboten hatte.

5 Hundert Jahre war Abraham alt, da ihm sein Sohn Isaak geboren ward.

6 Und Sara sprach: Gott hat mir ein Lachen

zugerichtet; denn wer es hören wird, der wird über mich lachen,

7 und sprach: Wer durfte von Abraham sagen, daß Sara Kinder säuge? Denn ich habe ihm einen Sohn geboren in seinem Alter.

8 Und das Kind wuchs und ward entwöhnt; und Abraham machte ein großes Mahl am Tage, da Isaak entwöhnt ward.

9 Und Sara sah den Sohn Hagars, der Ägyptischen, den sie Abraham geboren hatte, daß er ein Spötter war,

10 und sprach zu Abraham: Treibe diese Magd aus mit ihrem Sohn; denn dieser Magd Sohn soll nicht erben mit meinem Sohn Isaak.

11 Das Wort gefiel Abraham sehr übel um seines Sohnes willen.

12 Aber Gott sprach zu ihm: Laß dir's nicht übel gefallen des Knaben und der Magd halben. Alles, was Sara dir gesagt hat, dem gehorche; denn in Isaak soll dir der Same genannt werden.

13 Auch will ich der Magd Sohn zum Volk machen, darum daß er deines Samens ist.

14 Da stand Abraham des Morgens früh auf und nahm Brot und einen Schlauch mit Wasser und legte es Hagar auf ihre Schulter und den Knaben mit und ließ sie von sich. Da zog sie hin und ging in der Wüste irre bei Beer-Seba.

15 Da nun das Wasser in dem Schlauch aus war, warf sie den Knaben unter einen Strauch

16 und ging hin und setzte sich gegenüber von fern, einen Bogenschuß weit; denn sie sprach:

Ich kann nicht ansehen des Knaben Sterben. Und sie setzte sich gegenüber und hob ihre Stimme auf und weinte.

17 Da erhörte Gott die Stimme des Knaben. Und der Engel Gottes rief vom Himmel der Hagar und sprach zu ihr: Was ist dir Hagar? Fürchte dich nicht; denn Gott hat erhört die Stimme des Knaben, da er liegt.

18 Steh auf, nimm den Knaben und führe ihn an deiner Hand; denn ich will ihn zum großen Volk machen.

19 Und Gott tat ihr die Augen auf, daß sie einen Wasserbrunnen sah. Da ging sie hin und füllte den Schlauch mit Wasser und tränkte den Knaben.

20 Und Gott war mit dem Knaben; der wuchs und wohnte in der Wüste und ward ein guter Schütze.

21 Und er wohnte in der Wüste Pharan, und seine Mutter nahm ihm ein Weib aus Ägyptenland.

22 Zu der Zeit redete Abimelech und Phichol, sein Feldhauptmann, mit Abraham und sprach: Gott ist mit dir in allem, das du tust.

23 So schwöre mir nun bei Gott, daß du mir und meinen Kindern und meinen Enkeln keine Untreue erzeigen wollest, sondern die Barmherzigkeit, die ich an dir getan habe, an mir auch tust und an dem Lande, darin du ein Fremdling bist.

24 Da sprach Abraham: Ich will schwören.

25 Und Abraham setzte Abimelech zur Rede um des Wasserbrunnens willen, den Abimelechs Knechte hatten mit Gewalt genommen.

26 Da antwortete Abimelech: Ich habe es nicht gewußt, wer das getan hat; auch hast du mir's nicht angesagt; dazu habe ich's nicht gehört bis heute.

27 Da nahm Abraham Schafe und Rinder und gab sie Abimelech; und sie machten beide einen Bund miteinander.

28 Und Abraham stellt sieben Lämmer besonders.

29 Da sprach Abimelech zu Abraham: Was sollen die sieben Lämmer, die du besonders gestellt hast?

30 Er antwortete: Sieben Lämmer sollst du von meiner Hand nehmen, daß sie mir zum Zeugnis seien, daß ich diesen Brunnen gegraben habe.

31 Daher heißt die Stätte Beer-Seba, weil sie beide miteinander da geschworen haben.

32 Und also machten sie den Bund zu Beer-Seba. Da machten sich auf Abimelech und Phichol, sein Feldhauptmann, und zogen wieder in der Philister Land.

33 Abraham aber pflanzte Bäume zu Beer-Seba und predigte daselbst von dem Namen des HERRN, des ewigen Gottes.

34 Und er war ein Fremdling in der Philister Lande eine lange Zeit.

22. Kapitel

Opferung Isaaks. Bestätigung der Verheißung. Nahors Nachkommen.

1 Nach diesen Geschichten versuchte Gott Abraham und sprach zu ihm: Abraham! Und er antwortete: Hier bin ich.

2 Und er sprach: Nimm Isaak, deinen einzigen Sohn, den du lieb hast, und gehe hin in das Land Morija und opfere ihn daselbst zum Brandopfer auf einem Berge, den ich dir sagen werde.

3 Da stand Abraham des Morgens früh auf und gürtete seinen Esel und nahm mit sich zwei Knechte und seinen Sohn Isaak und spaltete Holz zum Brandopfer, machte sich auf und ging an den Ort, davon ihm Gott gesagt hatte.

4 Am dritten Tage hob Abraham seine Augen auf und sah die Stätte von ferne

5 und sprach zu seinen Knechten: Bleibt ihr hier mit dem Esel! Ich und der Knabe wollen dorthin gehen; und wenn wir angebetet haben, wollen wir wieder zu euch kommen.

6 Und Abraham nahm das Holz zum Brandopfer und legte es auf seinen Sohn Isaak; er aber nahm das Feuer und Messer in seine Hand, und gingen die beiden miteinander.

7 Da sprach Isaak zu seinem Vater Abraham: Mein Vater! Abraham antwortete: Hier bin ich mein Sohn. Und er sprach: Siehe, hier ist Feuer und Holz; wo ist aber das Schaf zum Brandopfer?

8 Abraham antwortete: Mein Sohn, Gott wird sich ersehen ein Schaf zum Brandopfer. Und gingen beide miteinander.

9 Und als sie kamen an die Stätte, die ihm Gott gesagt hatte, baute Abraham daselbst einen Altar und legte das Holz darauf und band seinen Sohn Isaak, legte ihn auf den Altar oben auf das Holz

10 und reckte seine Hand aus und faßte das Messer, daß er seinen Sohn schlachtete.

11 Da rief ihm der Engel des HERRN vom Himmel und sprach: Abraham! Abraham! Er antwortete: Hier bin ich.

12 Er sprach: Lege deine Hand nicht an den Knaben und tue ihm nichts; denn nun weiß ich, daß du Gott fürchtest und hast deines einzigen Sohnes nicht verschont um meinetwillen.

13 Da hob Abraham seine Augen auf und sah einen Widder hinter sich in der Hecke mit seinen Hörnern hangen und ging hin und nahm den Widder und opferte ihn zum Brandopfer an seines Sohnes Statt.

14 Und Abraham hieß die Stätte: Der HERR sieht. Daher man noch heutigestages sagt: Auf dem Berge, da der HERR sieht.

15 Und der Engel des HERRN rief Abraham abermals vom Himmel

16 und sprach: Ich habe bei mir selbst geschworen, spricht der HERR, weil du solches getan hast und hast deines einzigen Sohnes nicht verschont,

17 daß ich deinen Samen segnen und mehren will wie die Sterne am Himmel und wie den Sand am Ufer des Meeres; und dein Same soll besitzen die Tore seiner Feinde;

18 und durch deinen Samen sollen alle Völker auf Erden gesegnet werden, darum daß du meiner Stimme gehorcht hast.

19 Also kehrte Abraham wieder zu seinen Knechten; und sie machten sich auf und zogen miteinander gen Beer-Seba; und er wohnte daselbst.

20 Nach diesen Geschichten begab sich's, daß Abraham angesagt ward: Siehe, Milka hat auch Kinder geboren deinem Bruder Nahor,

21 nämlich Uz, den Erstgeborenen, und Buz, seinen Bruder, und Kemuel, von dem die Syrer kommen,

22 und Chesed und Haso und Phildas und Jedlaph und Bethuel.

23 Bethuel aber zeugte Rebekka. Diese acht gebar Milka dem Nahor, Abrahams Bruder.

24 Und sein Kebsweib, mit Namen Rehuma, gebar auch, nämlich den Tebah, Gaham, Thahas und Maacha.

23. Kapitel

Der Sara Tod und Begräbnis

1 Sara ward hundertsiebenundzwanzig Jahre alt

2 und starb in Kirjat-Arba, das Hebron heißt, im Lande Kanaan. Da kam Abraham, daß er sie beklagte und beweinte.

3 Darnach stand er auf von seiner Leiche und redete mit den Kindern Heth und sprach:

4 Ich bin ein Fremder und Einwohner bei euch; gebt mir ein Erbbegräbnis bei euch, daß ich meinen Toten begrabe, der vor mir liegt.

5 Da antworteten Abraham die Kinder Heth und sprachen zu ihm:

6 Höre uns, lieber Herr! Du bist ein Fürst Gottes unter uns, begrabe deinen Toten in unsern vornehmsten Gräbern; kein Mensch soll dir unter uns wehren, daß du in seinem Grabe begrabest deinen Toten.

7 Da stand Abraham auf und bückte sich vor dem Volk des Landes, vor den Kindern Heth.

8 Und er redete mit ihnen und sprach: Gefällt es euch, daß ich meinen Toten, der vor mir liegt, begrabe, so hört mich und bittet für mich Ephron, den Sohn Zohars,

9 daß er mir gebe seine zwiefache Höhle, die er hat am Ende seines Ackers; er gebe sie mir um Geld, soviel sie wert ist, unter euch zum Erbbegräbnis.

10 Ephron aber saß unter den Kindern Heth. Da antwortete Ephron, der Hethiter, Abraham, daß zuhörten die Kinder Heth, vor allen, die zu seiner Stadt Tor aus- und eingingen, und sprach:

11 Nein, mein Herr, sondern höre mir zu! Ich schenke dir den Acker und die Höhle darin dazu

und übergebe dir's vor den Augen der Kinder meines Volkes, zu begraben deinen Toten.

12 Da bückte sich Abraham vor dem Volk des Landes

13 und redete mit Ephron, daß zuhörte das Volk des Landes, und sprach: Willst du mir ihn lassen, so bitte ich, nimm von mir das Geld für den Acker, das ich dir gebe, so will ich meinen Toten daselbst begraben.

14 Ephron antwortete Abraham und sprach zu ihm:

15 Mein Herr, höre doch mich! Das Feld ist vierhundert Lot Silber wert; was ist das aber zwischen mir und dir? Begrabe nur deinen Toten!

16 Abraham gehorchte Ephron und wog ihm das Geld dar, das er gesagt hatte, daß zuhörten die Kinder Heth, vierhundert Lot Silber, das im Kauf gang und gäbe war.

17 Also ward Ephrons Acker, darin die zwiefache Höhle ist, Mamre gegenüber, Abraham zum eigenen Gut bestätigt mit der Höhle darin und mit allen Bäumen auf dem Acker umher,

18 daß die Kinder Heth zusahen und alle, die zu seiner Stadt Tor aus- und eingingen.

19 Darnach begrub Abraham Sara, sein Weib, in der Höhle des Ackers, die zwiefach ist, Mamre gegenüber, das ist Hebron, im Lande Kanaan.

20 Also ward bestätigt der Acker und die Höhle

darin Abraham zum Erbbegräbnis von den Kindern Heth.

24. Kapitel

Isaak gewinnt Rebekka zum Weibe.

1 Abraham ward alt und wohl betagt, und der HERR hatte ihn gesegnet allenthalben.

2 Und er sprach zu dem ältesten Knecht seines Hauses, der allen seinen Gütern vorstand: Lege deine Hand unter meine Hüfte

3 und schwöre mir bei dem HERRN, dem Gott des Himmels und der Erde, daß du meinem Sohn kein Weib nehmest von den Töchtern der Kanaaniter, unter welchen ich wohne,

4 sondern daß du ziehst in mein Vaterland und zu meiner Freundschaft und nehmest meinem Sohn Isaak ein Weib.

5 Der Knecht sprach: Wie, wenn das Weib mir nicht wollte folgen in dies Land, soll ich dann deinen Sohn wiederbringen in jenes Land, daraus du gezogen bist?

6 Abraham sprach zu ihm: Davor hüte dich, daß du meinen Sohn nicht wieder dahin bringst.

7 Der HERR, der Gott des Himmels, der mich von meines Vaters Hause genommen hat und von meiner Heimat, der mir geredet hat und mir auch geschworen hat und gesagt: Dies Land will ich deinem Samen geben, der wird seine Engel

vor dir her senden, daß du meinem Sohn daselbst ein Weib nehmest.

8 So aber das Weib dir nicht folgen will, so bist du dieses Eides quitt. Allein bringe meinen Sohn nicht wieder dorthin.

9 Da legte der Knecht seine Hand unter die Hüfte Abrahams, seines Herrn, und schwur ihm solches.

10 Also nahm der Knecht zehn Kamele von den Kamelen seines Herrn und zog hin und hatte mit sich allerlei Güter seines Herrn und machte sich auf und zog nach Mesopotamien zu der Stadt Nahors.

11 Da ließ er die Kamele sich lagern draußen vor der Stadt bei einem Wasserbrunnen, des Abends um die Zeit, wo die Weiber pflegten herauszugehen und Wasser zu schöpfen,

12 und sprach: HERR, du Gott meines Herrn Abraham, begegne mir heute und tue Barmherzigkeit an meinem Herrn Abraham!

13 Siehe, ich stehe hier bei dem Wasserbrunnen, und der Leute Töchter in dieser Stadt werden herauskommen, Wasser zu schöpfen.

14 Wenn nun eine Dirne kommt, zu der ich spreche: Neige deinen Krug, und laß mich trinken, und sie sprechen wird: Trinke, ich will deine Kamele auch tränken: das sei die, die du deinem Diener Isaak beschert hast, und daran werde ich erkennen, daß du Barmherzigkeit an meinem Herrn getan habest.

15 Und ehe er ausgeredet hatte, siehe, da kam heraus Rebekka, Bethuels Tochter, der ein Sohn der Milka war, welche Nahors, Abrahams Bruders, Weib war, und trug einen Krug auf ihrer Achsel.

16 Und sie war eine sehr schöne Dirne von Angesicht, noch eine Jungfrau, und kein Mann hatte sie erkannt. Die stieg hinab zum Brunnen und füllte den Krug und stieg herauf.

17 Da lief ihr der Knecht entgegen und sprach: Laß mich ein wenig Wasser aus deinem Kruge trinken.

18 Und sie sprach: Trinke, mein Herr! und eilend ließ sie den Krug hernieder auf ihre Hand und gab ihm zu trinken.

19 Und da sie ihm zu trinken gegeben hatte, sprach sie: Ich will deinen Kamelen auch schöpfen, bis sie alle getrunken haben.

20 Und eilte und goß den Krug aus in die Tränke und lief abermals zum Brunnen, zu schöpfen, und schöpfte allen seinen Kamelen.

21 Der Mann aber wunderte sich ihrer und schwieg still, bis er erkennete, ob der HERR zu seiner Reise Gnade gegeben hätte oder nicht.

22 Da nun die Kamele alle getrunken hatten, nahm er einen goldenen Reif, ein halbes Lot schwer, und zwei Armringe an ihre Hände, zehn Lot Goldes schwer,

23 und sprach: Wes Tochter bist du? das sage mir doch. Haben wir Raum in deines Vaters Hause, zu beherbergen?

24 Sie sprach zu ihm: Ich bin Bethuels Tochter, des Sohnes Milkas, den sie dem Nahor geboren hat,

25 und sagte weiter zu ihm: Es ist auch viel Stroh und Futter bei uns und Raum genug, zu beherbergen.

26 Da neigte sich der Mann und betete den HERRN an

27 und sprach: Gelobt sei der HERR, der Gott meines Herrn Abraham, der seine Barmherzigkeit und seine Wahrheit nicht verlassen hat an meinem Herrn; denn der HERR hat mich den Weg geführt zum Hause des Bruders meines Herrn.

28 Und die Dirne lief und sagte solches alles an in ihrer Mutter Hause.

29 Und Rebekka hatte einen Bruder, der hieß Laban; und Laban lief zu dem Mann draußen bei dem Brunnen.

30 Und als er sah den Reif und die Armringe an seiner Schwester Händen und hörte die Worte Rebekkas, seiner Schwester, daß sie sprach: Also hat mir der Mann gesagt, kam er zu dem Mann, und siehe, er stand bei den Kamelen am Brunnen.

31 Und er sprach: Komm herein, du Gesegneter des HERRN! Warum stehst du draußen? Ich habe das Haus geräumt und für die Kamele auch Raum gemacht.

32 Also führte er den Mann ins Haus und zäumte die Kamele ab und gab ihnen Stroh und

Futter und Wasser, zu waschen seine Füße und die Füße der Männer, die mit ihm waren,

33 und setzte ihnen Essen vor. Er sprach aber: Ich will nicht essen, bis daß ich zuvor meine Sache vorgebracht habe. Sie antworteten: Sage an!

34 Er sprach: Ich bin Abrahams Knecht.

35 Und der HERR hat meinen Herrn reichlich gesegnet, daß er groß geworden ist, und hat ihm Schafe und Ochsen, Silber und Gold, Knechte und Mägde, Kamele und Esel gegeben.

36 Dazu hat Sara, meines Herrn Weib, einen Sohn geboren meinem Herrn in seinem Alter; dem hat er alles gegeben, was er hat.

37 Und mein Herr hat einen Eid von mir genommen und gesagt: Du sollst meinem Sohn kein Weib nehmen von den Töchtern der Kanaaniter, in deren Land ich wohne,

38 sondern ziehe hin zu meines Vaters Hause und zu meinem Geschlecht; daselbst nimm meinem Sohn ein Weib.

39 Ich aber sprach zu meinem Herrn: Wie, wenn mir das Weib nicht folgen will?

40 Da sprach er zu mir: Der HERR, vor dem ich wandle, wird seinen Engel mit dir senden und Gnade zu deiner Reise geben, daß du meinem Sohn ein Weib nehmest von meiner Freundschaft und meines Vaters Hause.

41 Alsdann sollst du meines Eides quitt sein, wenn du zu meiner Freundschaft kommst;

geben sie dir sie nicht, so bist du meines Eides quitt.

42 Also kam ich heute zum Brunnen und sprach: HERR, Gott meines Herrn Abraham, hast du Gnade zu meiner Reise gegeben, auf der ich bin,

43 siehe, so stehe ich hier bei dem Wasserbrunnen. Wenn nun eine Jungfrau herauskommt, zu schöpfen, und ich zu ihr spreche: Gib mir ein wenig Wasser zu trinken aus deinem Krug,

44 und sie wird sagen: Trinke du, ich will deinen Kamelen auch schöpfen: die sei das Weib, das der HERR meines Herrn Sohne beschert hat.

45 Ehe ich nun solche Worte ausgeredet hatte in meinem Herzen, siehe, da kommt Rebekka heraus mit einem Krug auf ihrer Achsel und geht hinab zum Brunnen und schöpft. Da sprach ich zu ihr: Gib mir zu trinken.

46 Und sie nahm eilend den Krug von ihrer Achsel und sprach: Trinke, und deine Kamele will ich auch tränken. Also trank ich, und sie tränkte die Kamele auch.

47 Und ich fragte sie und sprach: Wes Tochter bist du? Sie antwortete: Ich bin Bethuels Tochter, des Sohnes Nahors, den ihm Milka geboren hat. Da legte ich einen Reif an ihre Stirn und Armringe an ihre Hände

48 und neigte mich und betete den HERRN an und lobte den HERRN, den Gott meines Herrn

Abraham, der mich den rechten Weg geführt hat, daß ich seinem Sohn die Tochter nehme des Bruders meines Herrn.

49 Seid ihr nun die, so an meinem Herrn Freundschaft und Treue beweisen wollen, so sagt mir's; wo nicht, so sagt mir's auch, daß ich mich wende zur Rechten oder zur Linken.

50 Da antworteten Laban und Bethuel und sprachen: Das kommt vom HERRN; darum können wir nicht wider dich reden, weder Böses noch Gutes;

51 da ist Rebekka vor dir, nimm sie und zieh hin, daß sie das Weib sei des Sohnes deines Herrn, wie der HERR geredet hat.

52 Da diese Worte hörte Abrahams Knecht, bückte er sich vor dem Herrn zur Erde

53 und zog hervor silberne und goldene Kleinode und Kleider und gab sie Rebekka; aber ihrem Bruder und der Mutter gab er Würze.

54 Da aß und trank er samt den Männern, die mit ihm waren, und blieb über Nacht allda. Des Morgens aber stand er auf und sprach: Laß mich ziehen zu meinem Herrn.

55 Aber ihr Bruder und ihre Mutter sprachen: Laß doch die Dirne einen Tag oder zehn bei uns bleiben; darnach sollst du ziehen.

56 Da sprach er zu ihnen: Haltet mich nicht auf; denn der HERR hat Gnade zu meiner Reise gegeben. Laßt mich, daß ich zu meinem Herrn ziehe.

57 Da sprachen sie: Laßt uns die Dirne rufen und fragen, was sie dazu sagt.

58 Und sie riefen Rebekka und sprachen zu ihr: Willst du mit diesem Mann ziehen? Sie antwortete: Ja, ich will mit ihm.

59 Also ließen sie Rebekka, ihre Schwester, ziehen mit ihrer Amme samt Abrahams Knecht und seinen Leuten.

60 Und sie segneten Rebekka und sprachen zu ihr: Du bist unsre Schwester; wachse in vieltausendmal tausend, und dein Same besitze die Tore seiner Feinde.

61 Also machte sich Rebekka auf mit ihren Dirnen, und setzten sich auf die Kamele und zogen dem Manne nach. Und der Knecht nahm Rebekka und zog hin.

62 Isaak aber kam vom Brunnen des Lebendigen und Sehenden (denn er wohnte im Lande gegen Mittag)

63 und war ausgegangen, zu beten auf dem Felde um den Abend, und hob seine Augen auf und sah, daß Kamele daherkamen.

64 Und Rebekka hob ihre Augen auf und sah Isaak; da stieg sie eilend vom Kamel

65 und sprach zu dem Knecht: Wer ist der Mann auf dem Felde? Der Knecht sprach: Das ist mein Herr. Da nahm sie den Mantel und verhüllte sich.

66 Und der Knecht erzählte Isaak alle Sachen, die er ausgerichtet hatte.

67 Da führte sie Isaak in die Hütte seiner Mutter Sara und nahm die Rebekka und sie war sein Weib, und er gewann sie lieb. Also ward Isaak getröstet über seine Mutter.

25. Kapitel

Abrahams zweite Ehe, Tod und Begräbnis, Ismaels Geschlecht. Esau und Jakob. Esau verkauft seine Erstgeburt.

1 Abraham nahm wieder ein Weib, die hieß Ketura.

2 Die gebar ihm Simran und Joksan, Medan und Midian, Jesbak und Suah.

3 Joksan aber zeugte Saba und Dedan. Die Kinder aber von Dedan waren: die Assuriter, die Letusiter und die Leumiter.

4 Die Kinder Midians waren: Epha, Epher, Henoch, Abida und Eldaa. Diese alle sind Kinder der Ketura.

5 Und Abraham gab all sein Gut Isaak.

6 Aber den Kindern, die er von den Kebsweibern hatte, gab er Geschenke und ließ sie von seinen Sohn Isaak ziehen, dieweil er noch lebte, gegen Aufgang in das Morgenland.

7 Das aber ist Abrahams Alter, das er gelebt hat: hundertfünfundsiebzig Jahre.

8 Und er nahm ab und starb in einem ruhigen

Alter, da er alt und lebenssatt war, und ward zu seinem Volk gesammelt.

9 Und es begruben ihn die Söhne Isaak und Ismael in der zwiefachen Höhle auf dem Acker Ephrons, des Sohnes Zohars, des Hethiters, die da liegt Mamre gegenüber,

10 in dem Felde, das Abraham von den Kindern Heth gekauft hatte. Da ist Abraham begraben mit Sara, seinem Weibe.

11 Und nach dem Tode Abrahams segnete Gott Isaak, seinen Sohn. Und er wohnte bei dem Brunnen des Lebendigen und Sehenden.

12 Dies ist das Geschlecht Ismaels, des Sohnes Abrahams, den ihm Hagar gebar, die Magd Saras aus Ägypten;

13 und das sind die Namen der Kinder Ismaels, davon ihre Geschlechter genannt sind: der erstgeborene Sohn Ismaels, Nebajoth, -Kedar, Abdeel, Mibsam,

14 Misma, Duma, Massa,

15 Hadar, Thema, Jetur, Naphis und Kedma.

16 Dies sind die Kinder Ismaels mit ihren Namen in ihren Höfen und Zeltdörfern, zwölf Fürsten über ihre Leute.

17 Und das ist das Alter Ismaels: hundert und siebenunddreißig Jahre. Und er nahm ab und starb und ward gesammelt zu seinem Volk.

18 Und sie wohnten von Hevila an bis gen Sur vor Ägypten und bis wo man nach Assyrien geht. Er ließ sich aber nieder gegen alle seine Brüder.

19 Dies ist das Geschlecht Isaaks, des Sohnes Abrahams: Abraham zeugte Isaak.

20 Isaak aber war vierzig Jahre alt, da er Rebekka zum Weibe nahm, die Tochter Bethuels, des Syrers, von Mesopotamien, Labans, des Syrers Schwester.

21 Isaak aber bat den HERRN für sein Weib, denn sie war unfruchtbar. Und der HERR ließ sich erbitten, und Rebekka, sein Weib, ward schwanger.

22 Und die Kinder stießen sich miteinander in ihrem Leibe. Da sprach sie: Da mir's also sollte gehen, warum bin ich schwanger geworden? und sie ging hin, den HERRN zu (be)fragen.

23 Und der HERR sprach zu ihr: Zwei Völker sind in deinem Leibe, und zweierlei Leute werden sich scheiden aus deinem Leibe; und ein Volk wird dem andern Überlegen sein, und der Ältere wird dem Jüngeren dienen.

24 Da nun die Zeit kam, daß sie gebären sollte, siehe, da waren Zwillinge in ihrem Leibe.

25 Der erste, der herauskam, war rötlich, ganz rauh wie ein Fell; und sie nannten ihn Esau.

26 Darnach kam heraus sein Bruder, der hielt mit seiner Hand die Ferse des Esau; und sie hießen ihn Jakob. Sechzig Jahre alt war Isaak, da sie geboren wurden.

27 Und da nun die Knaben groß wurden, ward Esau ein Jäger und streifte auf dem Felde, Jakob aber ein sanfter Mann und blieb in seinen Hütten.

28 Und Isaak hatte Esau lieb und aß gern von seinem Weidwerk; Rebekka aber hatte Jakob lieb.
29 Und Jakob kochte ein Gericht. Da kam Esau vom Felde und war müde
30 und sprach zu Jakob: Laß mich kosten das rote Gericht; denn ich bin müde. Daher heißt er Edom.
31 Aber Jakob sprach: Verkaufe mir heute deine Erstgeburt.
32 Esau antwortete: Siehe, ich muß doch sterben; was soll mir denn die Erstgeburt?
33 Jakob sprach: So schwöre mir heute. Und er schwur ihm und verkaufte also Jakob seine Erstgeburt.
34 Da gab ihm Jakob Brot und das Linsengericht, und er aß und trank und stand auf und ging davon. Also verachtete Esau seine Erstgeburt.

26. Kapitel

Verheißung an Isaak. Wanderschaft.
Gute und böse Tage.

1 Es kam aber eine Teuerung ins Land nach der vorigen, so zu Abrahams Zeiten war. Und Isaak zog zu Abimelech, der Philister König, zu Gerar.
2 Da erschien ihm der HERR und sprach: Ziehe

nicht hinab nach Ägypten, sondern bleibe in dem Lande, das ich dir sage.

3 Sei ein Fremdling in diesem Lande, und ich will mit dir sein und dich segnen; denn dir und deinem Samen will ich alle diese Länder geben und will meinen Eid bestätigen, den ich deinem Vater Abraham geschworen habe,

4 und will deinen Samen mehren wie die Sterne am Himmel und will deinem Samen alle diese Länder geben. Und durch deinen Samen sollen alle Völker auf Erden gesegnet werden,

5 darum daß Abraham meiner Stimme gehorsam gewesen ist und hat gehalten meine Rechte, meine Gebote, meine Weise und mein Gesetz.

6 Also wohnte Isaak zu Gerar.

7 Und wenn die Leute an demselben Ort fragten nach seinem Weibe, so sprach er: Sie ist meine Schwester. Denn er fürchtete sich zu sagen: Sie ist mein Weib; sie möchten mich erwürgen um Rebekkas willen, denn sie war schön von Angesicht.

8 Als er nun eine Zeitlang da war, sah Abimelech, der Philister König, durchs Fenster und ward gewahr, daß Isaak scherzte mit seinem Weibe Rebekka.

9 Da rief Abimelech den Isaak und sprach: Siehe, es ist dein Weib. Wie hast du denn gesagt: Sie ist meine Schwester? Isaak antwortete ihm: Ich gedachte, ich möchte vielleicht sterben müssen um ihretwillen.

10 Abimelech sprach: Warum hast du das getan? Es wäre leicht geschehen, daß jemand vom Volk sich zu deinem Weibe gelegt hätte, und hättest also eine Schuld auf uns gebracht.

11 Da gebot Abimelech allem Volk und sprach: Wer diesen Mann oder sein Weib antastet, der soll des Todes sterben.

12 Und Isaak säte in dem Lande und erntete desselben Jahres hundertfältig; denn der HERR segnete ihn.

13 Und er ward ein großer Mann und nahm immer mehr zu, bis er sehr groß ward,

14 daß er viel Gut hatte an kleinem und großem Vieh und ein großes Gesinde. Darum beneideten ihn die Philister

15 und verstopften alle Brunnen, die seines Vaters Knechte gegraben hatten zur Zeit Abrahams, seines Vaters, und füllten sie mit Erde;

16 daß auch Abimelech zu ihm sprach: Ziehe von uns, denn du bist uns zu mächtig geworden.

17 Da zog Isaak von dannen und schlug sein Gezelt auf im Grunde Gerar und wohnte allda

18 und ließ die Wasserbrunnen wieder aufgraben, die sie zu Abrahams, seines Vaters, Zeiten gegraben hatten, welche die Philister verstopft hatten nach Abrahams Tod, und nannte sie mit demselben Namen mit denen sie sein Vater genannt hatte.

19 Auch gruben Isaaks Knechte im Grunde und

fanden daselbst einen Brunnen lebendigen Wassers.

20 Aber die Hirten von Gerar zankten mit den Hirten Isaaks und sprachen: Das Wasser ist unser. Da hieß er den Brunnen Esek, darum daß sie ihm unrecht getan hatten.

21 Da gruben sie einen andern Brunnen. Darüber zankten sie auch, darum hieß er ihn Sitna.

22 Da machte er sich von dannen und grub einen andern Brunnen. Darüber zankten sie sich nicht; darum hieß er ihn Rehoboth und sprach: Nun hat uns der HERR Raum gemacht und uns wachsen lassen im Lande.

23 Darnach zog er von dannen gen Beer-Seba.

24 Und der HERR erschien ihm in derselben Nacht und sprach: Ich bin deines Vaters Abrahams Gott. Fürchte dich nicht; denn ich bin mit dir und will dich segnen und deinen Samen mehren um meines Knechtes Abraham willen.

25 Da baute er einen Altar daselbst und predigte von dem Namen des HERRN und richtete daselbst seine Hütte auf, und seine Knechte gruben daselbst einen Brunnen.

26 Und Abimelech ging zu ihm von Gerar, und Ahussat, sein Freund, und Phichol, sein Feldhauptmann.

27 Aber Isaak sprach zu ihnen: Warum kommt ihr zu mir? Haßt ihr mich doch und habt mich von euch getrieben.

28 Sie sprachen: Wir sehen mit sehenden

Augen, daß der HERR mit dir ist. Darum sprachen wir: Es soll ein Eid zwischen uns und dir sein, und wir wollen einen Bund mit dir machen,

29 daß du uns keinen Schaden tust, gleichwie wir dir nichts denn alles Gute getan haben und dich mit Frieden haben ziehen lassen. Du aber bist nun der Gesegnete des HERRN.

30 Da machte er ihnen ein Mahl, und sie aßen und tranken.

31 Und des Morgens früh standen sie auf und schwur einer dem andern; und Isaak ließ sie gehen, und sie zogen von ihm mit Frieden.

32 Desselben Tages aber kamen Isaaks Knechte und sagten ihm an von dem Brunnen, den sie gegraben hatten, und sprachen zu ihm: Wir haben Wasser gefunden.

33 Und er nannte ihn Seba; daher heißt die Stadt Beer-Seba bis auf den heutigen Tag.

34 Da Esau vierzig Jahre alt war, nahm er zum Weibe Judith, die Tochter Beeris, des Hethiters, und Basmath, die Tochter Elons, des Hethiters.

35 Die machten beide Isaak und Rebekka eitel Herzeleid.

27. Kapitel

Jokob gewinnt mit List den Erstgeburtssegen.
Esau trachtet seinem Bruder nach dem Leben.

1 Und es begab sich, da Isaak alt war geworden und seine Augen dunkel wurden zu sehen, rief er Esau, seinen älteren Sohn, und sprach zu ihm: Mein Sohn! Er aber antwortete ihm: Hier bin ich.

2 Und er sprach: Siehe, ich bin alt geworden und weiß nicht, wann ich sterben soll.

3 So nimm nun deine Geräte, Köcher und Bogen, und geh aufs Feld und fange mir ein Wildbret

4 und mache mir ein Essen, wie ich's gern habe, und bringe mir's herein, daß ich esse, daß dich meine Seele segne, ehe ich sterbe.

5 Rebekka aber hörte solche Worte, die Isaak zu seinem Sohn Esau sagte. Und Esau ging hin aufs Feld, daß er ein Wildbret jagte und heimbrächte.

6 Da sprach Rebekka zu Jakob, ihrem Sohn: Siehe, ich habe gehört deinen Vater reden mit Esau, deinem Bruder, und sagen:

7 Bringe mir ein Wildbret und mache mir ein Essen, daß ich esse und dich segne vor dem HERRN, ehe ich sterbe.

8 So höre nun, mein Sohn, meine Stimme, was ich dich heiße.

9 Gehe hin zur Herde und hole mir zwei gute

Böcklein, daß ich deinem Vater ein Essen davon mache, wie er's gerne hat.

10 Das sollst du deinem Vater hineintragen, daß er esse, auf daß er dich segne vor seinem Tode.

11 Jakob aber sprach zu seiner Mutter Rebekka: Siehe, mein Bruder Esau ist rauh, und ich glatt;

12 so möchte vielleicht mein Vater mich betasten, und ich würde vor ihm geachtet, als ob ich ihn betrügen wollte, und brächte über mich einen Fluch und nicht einen Segen.

13 Da sprach seine Mutter zu ihm: Der Fluch sei auf mir, mein Sohn; gehorche nur meiner Stimme, gehe und hole mir.

14 Da ging er hin und holte und brachte es seiner Mutter. Da machte seine Mutter ein Essen, wie es sein Vater gern hatte,

15 und nahm Esaus, ihres älteren Sohnes, köstliche Kleider, die sie bei sich im Hause hatte, und zog sie Jakob an, ihrem jüngeren Sohn;

16 aber die Felle von den Böcklein tat sie um seine Hände, und wo er glatt war am Halse,

17 und gab also das Essen mit Brot, wie sie es gemacht hatte, in Jakobs Hand, ihres Sohnes.

18 Und er ging hinein zu seinem Vater und sprach: Mein Vater! Er antwortete: Hier bin ich. Wer bist du, mein Sohn?

19 Jakob sprach zu seinem Vater: Ich bin Esau, dein erstgeborener Sohn; ich habe getan, wie du mir gesagt hast. Steh auf, setze dich und iß von

meinem Wildbret, auf daß mich deine Seele segne.

20 Isaak aber sprach zu seinem Sohn: Mein Sohn, wie hast du so bald gefunden? Er antwortete: Der HERR, dein Gott, bescherte mir's.

21 Da sprach Isaak zu Jakob: Tritt herzu, mein Sohn, daß ich dich betaste, ob du mein Sohn Esau seiest oder nicht.

22 Also trat Jakob zu seinem Vater Isaak; und da er ihn betastet hatte, sprach er: Die Stimme ist Jakobs Stimme, aber die Hände sind Esaus Hände.

23 Und er kannte ihn nicht; denn seine Hände waren rauh wie Esaus, seines Bruders, Hände. Und er segnete ihn

24 und sprach zu ihm: Bist du mein Sohn Esau? Er antwortete: Ja, ich bin's.

25 Da sprach er: So bringe mir her, mein Sohn, zu essen von deinem Wildbret, daß dich meine Seele segne. Da brachte er's ihm, und er aß, und trug ihm auch Wein hinein, und er trank.

26 Und Isaak, sein Vater, sprach zu ihm: Komm her und küsse mich, mein Sohn.

27 Er trat hinzu und küßte ihn. Da roch er den Geruch seiner Kleider und segnete ihn und sprach: Siehe, der Geruch meines Sohnes ist wie ein Geruch des Feldes, das der HERR gesegnet hat.

28 Gott gebe dir vom Tau des Himmels und von

der Fettigkeit der Erde und Korn und Wein die Fülle.

29 Völker müssen dir dienen, und Leute müssen dir zu Füße fallen. Sei ein Herr über deine Brüder, und deiner Mutter Kinder müssen dir zu Füße fallen. Verflucht sei, wer dir flucht; gesegnet sei, wer dich segnet.

30 Als nun Isaak vollendet hatte den Segen über Jakob, und Jakob kaum hinausgegangen war von seinem Vater Isaak, da kam Esau, sein Bruder, von seiner Jagd

31 und machte auch ein Essen und trug's hinein zu seinem Vater und sprach zu ihm: Steh auf, mein Vater, und iß von dem Wildbret deines Sohnes, daß mich deine Seele segne.

32 Da antwortete ihm Isaak, sein Vater: Wer bist du? Er sprach: Ich bin Esau, dein erstgeborener Sohn.

33 Da entsetzte sich Isaak über die Maßen sehr und sprach: Wer ist denn der Jäger, der mir gebracht hat, und ich habe von allem gegessen, ehe du kamst, und habe ihn gesegnet? Er wird auch gesegnet bleiben.

34 Als Esau diese Rede seines Vaters hörte, schrie er laut und ward über die Maßen sehr betrübt und sprach zu seinem Vater: Segne mich auch, mein Vater!

35 Er aber sprach: Dein Bruder ist gekommen mit List und hat deinen Segen hinweg.

36 Da sprach er: Er heißt wohl Jakob; denn er hat mich nun zweimal überlistet. Meine

Erstgeburt hat er dahin; und siehe, nun nimmt er auch meinen Segen. Und sprach: Hast du mir denn keinen Segen vorbehalten?

37 Isaak antwortete und sprach zu ihm: Ich habe ihn zum Herrn über dich gesetzt, und alle seine Brüder habe ich ihm zu Knechten gemacht, mit Korn und Wein habe ich ihn versehen; was soll ich doch dir nun tun, mein Sohn?

38 Esau sprach zu seinem Vater: Hast du denn nur einen Segen, mein Vater? Segne mich auch, mein Vater! und hob auf seine Stimme und weinte.

39 Da antwortete Isaak, sein Vater, und sprach zu ihm: Siehe da, du wirst eine Wohnung haben ohne Fettigkeit der Erde und ohne Tau des Himmels von obenher.

40 Von deinem Schwerte wirst du dich nähren und deinem Bruder dienen. Und es wird geschehen, daß du auch ein Herr sein und sein Joch von deinem Halse reißen wirst.

41 Und Esau war Jakob gram um des Segens willen, mit dem ihn sein Vater gesegnet hatte, und sprach in seinem Herzen: Es wird die Zeit bald kommen, da man um meinen Vater Leid tragen muß; dann will ich meinen Bruder Jakob erwürgen.

42 Da wurden Rebekka angesagt diese Worte ihres älteren Sohnes Esau; und sie schickte hin und ließ Jakob, ihren jüngeren Sohn, rufen und

sprach zu ihm: Siehe, dein Bruder Esau droht dir, daß er dich erwürgen will.

43 Und nun höre meine Stimme, mein Sohn: Mache dich auf und fliehe zu meinem Bruder Laban gen Haran

44 und bleib eine Weile bei ihm, bis sich der Grimm deines Bruders legt

45 und bis sich sein Zorn wider dich von dir wendet und er vergißt, was du an ihm getan hast; so will ich darnach schicken und dich von dannen holen lassen. Warum sollte ich euer beider beraubt werden auf einen Tag?

46 Und Rebekka sprach zu Isaak: Mich verdrießt, zu leben vor den Töchter Heth. Wo Jakob ein Weib nimmt von den Töchtern Heth wie diese, von den Töchtern des Landes, was soll mir das Leben?

28. Kapitel

Flucht nach Haran. Himmelsleiter.

1 Da rief Isaak seinen Sohn Jakob und segnete ihn und gebot ihm und sprach zu ihm: Nimm nicht ein Weib von den Töchtern Kanaans;

2 sondern mache dich auf und ziehe nach Mesopotamien zum Hause Bethuels, des Vaters deiner Mutter, und nimm dir ein Weib daselbst von den Töchtern Labans, des Bruders deiner Mutter.

3 Aber der allmächtige Gott segne dich und mache dich fruchtbar und mehre dich, daß du werdest ein Haufe Völker,

4 und gebe dir den Segen Abrahams, dir und deinem Samen mit dir, daß du besitzest das Land, darin du ein Fremdling bist, das Gott Abraham gegeben hat.

5 Also fertigte Isaak den Jakob ab, daß er nach Mesopotamien zog zu Laban, Bethuels Sohn, in Syrien, dem Bruder Rebekkas, seiner und Esaus Mutter.

6 Als nun Esau sah, daß Isaak Jakob gesegnet hatte und abgefertigt nach Mesopotamien, daß er daselbst ein Weib nähme, und daß er, indem er ihn segnete, ihm gebot und sprach: Du sollst nicht ein Weib nehmen von den Töchtern Kanaans,

7 und daß Jakob seinem Vater und seiner Mutter gehorchte und nach Mesopotamien zog,

8 sah auch, daß Isaak, sein Vater, nicht gerne sah die Töchter Kanaans:

9 ging er hin zu Ismael und nahm zu den Weibern, die er zuvor hatte, Mahalath, die Tochter Ismaels, des Sohnes Abrahams, die Schwester Nebajoths, zum Weibe.

10 Aber Jakob zog aus von Beer-Seba und reiste gen Haran

11 und kam an einen Ort, da blieb er über Nacht; denn die Sonne war untergegangen. Und er nahm einen Stein des Orts und legte ihn zu

seinen Häupten und legte sich an dem Ort schlafen.

12 Und ihm träumte; und siehe, eine Leiter stand auf der Erde, die rührte mit der Spitze an den Himmel, und siehe, die Engel Gottes stiegen daran auf und nieder;

13 und der HERR stand obendarauf und sprach: Ich bin der HERR, Abrahams, deines Vaters, Gott und Isaaks Gott; das Land darauf du liegst, will ich dir und deinem Samen geben.

14 Und dein Same soll werden wie der Staub auf Erden, und du sollst ausgebreitet werden gegen Abend, Morgen, Mitternacht und Mittag; und durch dich und deinen Samen sollen alle Geschlechter auf Erden gesegnet werden.

15 Und siehe, ich bin mit dir und will dich behüten, wo du hin ziehst, und will dich wieder herbringen in dies Land. Denn ich will dich nicht lassen, bis daß ich tue alles, was ich dir geredet habe.

16 Da nun Jakob von seinem Schlaf aufwachte, sprach er: Gewiß ist der HERR an diesem Ort, und ich wußte es nicht;

17 und fürchtete sich und sprach: Wie heilig ist diese Stätte! Hier ist nichts anderes als Gottes Haus, und hier ist die Pforte des Himmels.

18 Und Jakob stand des Morgens früh auf und nahm den Stein, den er zu seinen Häupten gelegt hatte, und richtete ihn auf zu einem Mal und goß Öl obendarauf

19 und hieß die Stätte Beth-El; zuvor aber hieß die Stadt Lus.

20 Und Jakob tat ein Gelübde und sprach: So Gott wird mit mir sein und mich behüten auf dem Wege, den ich reise, und mir Brot zu essen geben und Kleider anzuziehen

21 und mich in Frieden wieder heim zu meinem Vater bringen, so soll der HERR mein Gott sein;

22 und dieser Stein, den ich aufgerichtet habe zu einem Mal, soll ein Gotteshaus werden; und von allem, was du mir gibst, will ich dir den Zehnten geben.

29. Kapitel

Jakobs Dienst bei Laban und Ehestand.

1 Da hob Jakob seine Füße auf und ging in das Land, das gegen Morgen liegt,

2 und sah sich um, und siehe, da war ein Brunnen auf dem Felde, und siehe, drei Herden Schafe lagen dabei; denn von dem Brunnen pflegten sie die Herden zu tränken, und ein großer Stein lag vor dem Loch des Brunnens.

3 Und sie pflegten die Herden alle daselbst zu versammeln und den Stein von dem Brunnenloch zu wälzen und die Schafe zu tränken und taten alsdann den Stein wieder vor das Loch an seine Stätte.

4 Und Jakob sprach zu ihnen: Liebe Brüder, wo seid ihr her? Sie antworteten: Wir sind von Haran.

5 Er sprach zu ihnen: Kennt ihr auch Laban, den Sohn Nahors? Sie antworteten: Wir kennen ihn wohl.

6 Er sprach: Geht es ihm auch wohl? Sie antworteten: Es geht ihm wohl; und siehe, da kommt seine Tochter Rahel mit den Schafen.

7 Er sprach: Es ist noch hoher Tag und ist noch nicht Zeit das Vieh einzutreiben; tränkt doch die Schafe und geht hin und weidet sie.

8 Sie antworteten: Wir können nicht, bis daß alle Herden zusammengebracht werden und wir den Stein von des Brunnens Loch wälzen und also die Schafe tränken.

9 Als er noch mit ihnen redete, kam Rahel mit den Schafen ihres Vaters; denn sie hütete die Schafe.

10 Da aber Jakob sah Rahel, die Tochter Labans, des Bruders seiner Mutter, und die Schafe Labans, des Bruders seiner Mutter, trat er hinzu und wälzte den Stein von dem Loch des Brunnens und tränkte die Schafe Labans, des Bruders seiner Mutter.

11 Und er küßte Rahel und weinte laut

12 und sagte ihr an, daß er ihres Vaters Bruder wäre und Rebekkas Sohn. Da lief sie und sagte es ihrem Vater an.

13 Da aber Laban hörte von Jakob, seiner Schwester Sohn, lief er ihm entgegen und herzte

und küßte ihn und führte ihn in sein Haus. Da erzählte er dem Laban alle diese Sachen.

14 Da sprach Laban zu ihm: Wohlan, du bist mein Bein und mein Fleisch. Und da er einen Monat lang bei ihm gewesen war,

15 sprach Laban zu Jakob: Wiewohl du mein Bruder bist, solltest du mir darum umsonst dienen? Sage an, was soll dein Lohn sein?

16 Laban aber hatte zwei Töchter; die ältere hieß Lea und die jüngere Rahel.

17 Aber Lea hatte ein blödes Gesicht, Rahel war hübsch und schön.

18 Und Jakob gewann die Rahel lieb und sprach: Ich will dir sieben Jahre um Rahel, deine jüngere Tochter, dienen.

19 Laban antwortete: Es ist besser, ich gebe sie dir als einem andern; bleibe bei mir.

20 Also diente Jakob um Rahel sieben Jahre, und sie deuchten ihn, als wären's einzelne Tage, so lieb hatte er sie.

21 Und Jakob sprach zu Laban: Gib mir nun mein Weib, denn die Zeit ist hier, daß ich zu ihr gehe.

22 Da lud Laban alle Leute des Orts und machte ein Hochzeitsmahl.

23 Des Abends aber nahm er seine Tochter Lea und brachte sie zu ihm; und er ging zu ihr.

24 Und Laban gab seiner Tochter Lea seine Magd Silpa zur Magd.

25 Des Morgens aber, siehe, da war es Lea. Und er sprach zu Laban: Warum hast du mir das

getan? Habe ich dir nicht um Rahel gedient? Warum hast du mich denn betrogen?

26 Laban antwortete: Es ist nicht Sitte in unserm lande, daß man die jüngere ausgebe vor der älteren.

27 Halte mit dieser die Woche aus, so will ich dir diese auch geben um den Dienst, den du bei mir noch andere sieben Jahre dienen sollst.

28 Jakob tat also und hielt die Woche aus. Da gab ihm Laban Rahel, seine Tochter, zum Weibe

29 und gab seiner Tochter Rahel seine Magd Bilha zur Magd.

30 Also ging er auch zu Rahel ein, und hatte Rahel lieber als Lea; und diente bei ihm fürder die andern sieben Jahre.

31 Da aber der HERR sah, daß Lea unwert war, machte er sie fruchtbar; Rahel aber war unfruchtbar.

32 Und Lea ward schwanger und gebar einen Sohn; den hieß sie Ruben, und sprach: Der HERR hat angesehen mein Elend; nun wird mich mein Mann liebhaben.

33 Und ward abermals schwanger und gebar einen Sohn und sprach: Der HERR hat gehört, daß ich unwert bin, und hat mir diesen auch gegeben. Und sie hieß ihn Simeon.

34 Abermals ward sie schwanger und gebar einen Sohn und sprach: Nun wird mein Mann mir doch zugetan sein, denn ich habe ihm drei Söhne geboren. Darum hieß sie ihn Levi.

35 Zum vierten ward sie schwanger und gebar einen Sohn und sprach: Nun will ich dem HERRN danken. Darum hieß sie ihn Juda. Und hörte auf, Kinder zu gebären.

30. Kapitel

Jakobs Kindersegen und Reichtum.

1 Da Rahel sah, daß sie dem Jakob kein Kind gebar, beneidete sie ihre Schwester und sprach zu Jakob: Schaffe mir Kinder, wo nicht, so sterbe ich.
2 Jakob aber ward sehr zornig auf Rahel und sprach: Bin ich doch nicht Gott, der dir deines Leibes Frucht nicht geben will.
3 Sie aber sprach: Siehe, da ist meine Magd Bilha; gehe zu ihr, daß sie auf meinen Schoß gebäre und ich doch durch sie aufgebaut werde.
4 Und sie gab ihm also Bilha, ihre Magd, zum Weibe, und Jakob ging zu ihr.
5 Also ward Bilha schwanger und gebar Jakob einen Sohn.
6 Da sprach Rahel: Gott hat meine Sache gerichtet und meine Stimme erhört und mir einen Sohn gegeben. Darum hieß sie ihn Dan.
7 Abermals ward Bilha, Rahels Magd, schwanger und gebar Jakob den andern Sohn.
8 Da sprach Rahel: Gott hat es gewandt mit mir

und meiner Schwester, und ich werde es ihr zuvortun. Und hieß ihn Naphthali.

9 Da nun Lea sah, daß sie aufgehört hatte zu gebären, nahm sie ihre Magd Silpa und gab sie Jakob zum Weibe.

10 Also gebar Silpa, Leas Magd, Jakob einen Sohn.

11 Da sprach Lea: Rüstig! Und hieß ihn Gad.

12 Darnach gebar Silpa, Leas Magd, Jakob den andern Sohn.

13 Da sprach Lea: Wohl mir! denn mich werden selig preisen die Töchter. Und hieß ihn Asser.

14 Ruben ging aus zur Zeit der Weizenernte und fand Liebesäpfel auf dem Felde und brachte sie heim seiner Mutter Lea. Da sprach Rahel zu Lea: Gib mir von den Liebesäpfeln deines Sohnes einen Teil.

15 Sie antwortete: Hast du nicht genug, daß du mir meinen Mann genommen hast, und willst auch die Liebesäpfel meines Sohnes nehmen? Rahel sprach: Wohlan, laß ihn diese Nacht bei dir schlafen um die Liebesäpfel deines Sohnes.

16 Da nun Jakob des Abends vom Felde kam, ging ihm Lea hinaus entgegen und sprach: Zu mir sollst du kommen; denn ich habe dich erkauft um die Liebesäpfel meines Sohnes. Und er schlief die Nacht bei ihr.

17 Und Gott erhörte Lea, und sie ward schwanger und gebar Jakob den fünften Sohn

18 und sprach Gott hat mir gelohnt, daß ich

meine Magd meinem Manne gegeben habe. Und hieß ihn Isaschar.

19 Abermals ward Lea schwanger und gebar Jakob den sechsten Sohn,

20 und sprach: Gott hat mich wohl beraten; nun wird mein Mann doch bei mir wohnen, denn ich habe ihm sechs Söhne geboren. Und hieß ihn Sebulon.

21 Darnach gebar sie eine Tochter, die hieß sie Dina.

22 Gott gedachte aber an Rahel und erhörte sie und machte sie fruchtbar.

23 Da ward sie schwanger und gebar einen Sohn und sprach: Gott hat meine Schmach von mir genommen.

24 Und hieß ihn Joseph und sprach: Der HERR wolle mir noch einen Sohn dazugeben!

25 Da nun Rahel den Joseph geboren hatte, sprach Jakob zu Laban: Laß mich ziehen und reisen an meinen Ort in mein Land.

26 Gib mir meine Weiber und meine Kinder um die ich dir gedient habe, daß ich ziehe; denn du weißt, wie ich dir gedient habe.

27 Laban sprach zu ihm: Laß mich Gnade vor deinen Augen finden. Ich spüre, daß mich der HERR segnet um deinetwillen;

28 bestimme den Lohn, den ich dir geben soll.

29 Er aber sprach zu ihm: Du weißt, wie ich dir gedient habe und was du für Vieh hast unter mir.

30 Du hattest wenig, ehe ich her kam, nun aber ist's ausgebreitet in die Menge, und der HERR

hat dich gesegnet durch meinen Fuß. Und nun, wann soll ich auch mein Haus versorgen?

31 Er aber sprach: Was soll ich dir denn geben? Jakob sprach: Du sollst mir nichts geben; sondern so du mir tun willst, was ich sage, so will ich wiederum weiden und hüten deine Schafe.

32 Ich will heute durch alle deine Herden gehen und aussondern alle gefleckten und bunten Schafe und alle schwarzen Schafe und die bunten und gefleckten Ziegen. Was nun bunt und gefleckt fallen wird, das soll mein Lohn sein.

33 So wird meine Gerechtigkeit zeugen heute oder morgen, wenn es kommt, daß ich meinen Lohn von dir nehmen soll; also daß, was nicht gefleckt oder bunt unter den Ziegen und nicht schwarz sein wird unter den Lämmern, das sei ein Diebstahl bei mir.

34 Da sprach Laban: Siehe da, es sei, wie du gesagt hast.

35 Und sonderte des Tages die sprenkligen und bunten Böcke und alle gefleckten und bunten Ziegen, wo nur was Weißes daran war, und alles, was schwarz war unter den Lämmern, und tat's unter die Hand seiner Kinder

36 und machte Raum drei Tagereisen weit zwischen sich und Jakob. Also weidete Jakob die übrigen Herden Labans.

37 Jakob aber nahm Stäbe von grünen Pappelbäumen, Haseln und Kastanien und schälte weiße Streifen daran, daß an den Stäben das Weiß bloß ward,

38 und legte die Stäbe, die er geschält hatte, in die Tränkrinnen vor die Herden, die kommen mußten, zu trinken, daß sie da empfangen sollten, wenn sie zu trinken kämen.

39 Also empfingen die Herden über den Stäben und brachten Sprenklinge, Gefleckte und Bunte.

40 Da schied Jakob die Lämmer und richtete die Herde mit dem Angesicht gegen die Gefleckten und Schwarzen in der Herde Labans und machte sich eine eigene Herde, die tat er nicht zu der Herde Labans.

41 Wenn aber der Lauf der Frühling-Herde war, legte er die Stäbe in die Rinnen vor die Augen der Herde, daß sie über den Stäben empfingen;

42 aber in der Spätlinge Lauf legte er sie nicht hinein. Also wurden die Spätlinge des Laban, aber die Frühlinge des Jakob.

43 Daher ward der Mann über die Maßen reich, daß er viele Schafe, Mägde und Knechte, Kamele und Esel hatte.

31. Kapitel

Jakobs Flucht mit den Seinen. Versöhnung mit Laban.

1 Und es kamen vor ihn die Reden der Kinder Labans, daß sie sprachen: Jakob hat alles Gut unsers Vaters an sich gebracht, und von unsers Vaters Gut hat er solchen Reichtum zuwege gebracht.

2 Und Jakob sah an das Angesicht Labans; und siehe, es war nicht gegen ihn wie gestern und ehegestern.

3 Und der HERR sprach zu Jakob: Ziehe wieder in deiner Väter Land und zu deiner Freundschaft; ich will mit dir sein.

4 Da sandte Jakob hin und ließ rufen Rahel und Lea aufs Feld zu seiner Herde

5 und sprach zu ihnen: Ich sehe eures Vaters Angesicht, daß es nicht gegen mich ist wie gestern und ehegestern; aber der Gott meines Vaters ist mit mir gewesen.

6 Und ihr wißt, daß ich aus allen meinen Kräften eurem Vater gedient habe.

7 Und er hat mich getäuscht und nun zehnmal meinen Lohn verändert; aber Gott hat ihm nicht gestattet, daß er mir Schaden täte.

8 Wenn er sprach: Die Bunten sollen dein Lohn sein, so trug die ganze Herde Bunte. Wenn er aber sprach: Die Sprenkligen sollen dein Lohn sein, so trug die ganze Herde Sprenklinge.

9 Also hat Gott die Güter eures Vaters ihm entwandt und mir gegeben.

10 Denn wenn die Zeit des Laufs kam, hob ich meine Augen auf und sah im Traum, und siehe, die Böcke, die auf die Herde sprangen, waren sprenklig, gefleckt und bunt.

11 Und der Engel Gottes sprach zu mir im Traum: Jakob! Und ich antwortete: Hier bin ich.

12 Er aber sprach: Hebe deine Augen, und siehe, alle Böcke, die auf die Herde springen,

sind sprenklig, gefleckt und bunt; denn ich habe alles gesehen, was dir Laban tut.

13 Ich bin der Gott zu Beth-El, da du den Stein gesalbt hast und mir daselbst ein Gelübde getan. Nun mache dich auf und zieh aus diesem Land und zieh wieder in das Land deiner Freundschaft.

14 Da antworteten Rahel und Lea und sprachen zu ihm: Wir haben doch kein Teil noch Erbe mehr in unsers Vaters Hause.

15 Hat er uns doch gehalten wie die Fremden; denn er hat uns verkauft und unsern Lohn verzehrt;

16 darum hat Gott unserm Vater entwandt seinen Reichtum zu uns und unsern Kindern. Alles nun, was Gott dir gesagt hat, das tue.

17 Also machte sich Jakob auf und lud seine Kinder und Weiber auf Kamele

18 und führte weg all sein Vieh und alle seine Habe, die er zu Mesopotamien erworben hatte, daß er käme zu Isaak, seinem Vater, ins Land Kanaan.

19 (Laban aber war gegangen seine Herde zu scheren.) Und Rahel stahl ihres Vaters Götzen.

20 Also täuschte Jakob den Laban zu Syrien damit, daß er ihm nicht ansagte, daß er floh.

21 Also floh er und alles, was sein war, machte sich auf und fuhr über den Strom und richtete sich nach dem Berge Gilead.

22 Am dritten Tage ward Laban angesagt, daß Jakob geflohen wäre.

23 Und er nahm seine Brüder zu sich und jagte ihm nach sieben Tagereisen und ereilte ihn auf dem Berge Gilead.

24 Aber Gott kam zu Laban, dem Syrer, im Traum des Nachts und sprach zu ihm: Hüte dich, daß du mit Jakob nicht anders redest als freundlich.

25 Und Laban nahte zu Jakob. Jakob aber hatte seine Hütte aufgeschlagen auf dem Berge; und Laban mit seinen Brüdern schlug seine Hütte auch auf auf dem Berge Gilead.

26 Da sprach Laban zu Jakob: Was hast du getan, daß du mich getäuscht hast und hast meine Töchter entführt, als wenn sie durchs Schwert gefangen wären?

27 Warum bist du heimlich geflohen und hast dich weggestohlen und hast mir's nicht angesagt, daß ich dich hätte geleitet mit Freuden, mit Singen mit Pauken und Harfen?

28 Und hast mich nicht lassen meine Kinder und Töchter küssen? Nun, du hast töricht getan.

29 Und ich hätte wohl so viel Macht, daß ich euch könnte Übles tun; aber eures Vaters Gott hat gestern zu mir gesagt: Hüte dich, daß du mit Jakob nicht anders als freundlich redest.

30 Und weil du denn ja wolltest ziehen und sehntest dich so sehr nach deines Vaters Hause, warum hast du mir meine Götter gestohlen?

31 Jakob antwortete und sprach zu Laban: Ich fürchtete mich und dachte, du würdest deine Töchter von mir reißen.

32 Bei welchem du aber deine Götter findest, der sterbe hier vor unsern Brüdern. Suche das Deine bei mir und nimm's hin. Jakob wußte aber nicht, daß sie Rahel gestohlen hatte.

33 Da ging Laban in die Hütten Jakobs und Leas und der beiden Mägde, und fand nichts; und ging aus der Hütte Leas in die Hütte Rahels.

34 Da nahm Rahel die Götzen und legte sie unter den Kamelsattel und setzte sich darauf. Laban aber betastete die ganze Hütte und fand nichts.

35 Da sprach sie zu ihrem Vater: Mein Herr, zürne mir nicht, denn ich kann nicht aufstehen vor dir, denn es geht mir nach der Frauen Weise. Also fand er die Götzen nicht, wie sehr er suchte.

36 Und Jakob ward zornig und schalt Laban und sprach zu ihm: Was habe ich mißgehandelt oder gesündigt, daß du so auf mich erhitzt bist?

37 Du hast allen meinen Hausrat betastet. Was hast du von meinem Hausrat gefunden? Lege das dar vor meinen und deinen Brüdern, daß sie zwischen uns beiden richten.

38 Diese zwanzig Jahre bin ich bei dir gewesen, deine Schafe und Ziegen sind nicht unfruchtbar gewesen; die Widder deiner Herde habe ich nie gegessen;

39 was die Tiere zerrissen, brachte ich dir nicht, ich mußte es bezahlen; du fordertest es von meiner Hand, es mochte mir des Tages oder des Nachts gestohlen sein.

40 Des Tages verschmachtete ich vor Hitze und des Nachts vor Frost, und kam kein Schlaf in meine Augen.

41 Also habe ich diese zwanzig Jahre in deinem Hause gedient, vierzehn um deine Töchter und sechs um deine Herde, und du hast mir meinen Lohn zehnmal verändert.

42 Wo nicht der Gott meines Vaters, der Gott Abrahams und die Furcht Isaaks, auf meiner Seite gewesen wäre, du hättest mich leer lassen ziehen. Aber Gott hat mein Elend und meine Mühe angesehen und hat dich gestern gestraft.

43 Laban antwortete und sprach zu Jakob: Die Töchter sind meine Töchter, und die Kinder sind meine Kinder, und die Herden sind meine Herden, und alles, was du siehst, ist mein. Was kann ich meinen Töchtern heute oder ihren Kindern tun, die sie geboren haben?

44 So komm nun und laß uns einen Bund machen, ich und du, der ein Zeugnis sei zwischen mir und dir.

45 Da nahm Jakob einen Stein und richtete ihn auf zu einem Mal.

46 und sprach zu seinen Brüdern: Leset Steine auf! Und sie nahmen Steine und machten einen Haufen und aßen auf dem Haufen.

47 Und Laban hieß ihn Jegar-Sahadutha; Jakob aber hieß ihn Gilead.

48 Da sprach Laban: Der Haufe sei heute Zeuge zwischen mir und dir (daher heißt man ihn Gilead)

49 und sei eine Warte; denn er sprach: Der HERR sehe darein zwischen mir und dir, wenn wir voneinander kommen,

50 wo du meine Töchter bedrückst oder andere Weiber dazunimmst über meine Töchter. Es ist kein Mensch hier mit uns; siehe aber, Gott ist der Zeuge zwischen mir und dir.

51 Und Laban sprach weiter zu Jakob: Siehe, das ist der Haufe, und das ist das Mal, das ich aufgerichtet habe zwischen mir und dir.

52 Derselbe Haufe sei Zeuge, und das Mal sei auch Zeuge, wenn ich herüberfahre zu dir oder du herüberfährst zu mir über diesen Haufen und dies Mal, zu beschädigen.

53 Der Gott Abrahams und der Gott Nahors, der Gott ihres Vaters sei Richter zwischen uns.

54 Und Jakob schwur ihm bei der Furcht seines Vaters Isaak. Und Jakob opferte auf dem Berge und lud seine Brüder zum Essen. Und da sie gegessen hatten, blieben sie auf dem Berge über Nacht.

55 Des Morgens aber stand Laban früh auf, küßte seine Kinder und Töchter und segnete sie und zog hin und kam wieder an seinen Ort.

32. Kapitel

*Jakobs Begegnung mit Engeln.
Seine Furcht vor Esau.
Gebet und Kampf. Name Israel.*

1 Jakob aber zog seinen Weg; und es begegneten ihm die Engel Gottes.

2 Und da er sie sah, sprach er: Es sind Gottes Heere; [Sobald Jakob sie erblickte, sagte er: Hier ist das Heerlager Gottes. (8)] und hieß die Stätte Mahanaim.

3 Jakob aber schickte Boten vor sich her zu seinem Bruder Esau ins Land Seir, in die Gegend Edoms,

4 und befahl ihnen und sprach: Also sagt meinem Herrn Esau: Dein Knecht Jakob läßt dir sagen: Ich bin bis daher bei Laban lange außen gewesen

5 und habe Rinder und Esel, Schafe, Knechte und Mägde; und habe ausgesandt, dir, meinem Herrn, anzusagen, daß ich Gnade vor deinen Augen fände.

6 Die Boten kamen wieder zu Jakob und sprachen: Wir kamen zu deinem Bruder Esau; und er zieht dir auch entgegen mit vierhundert Mann.

7 Da fürchtete sich Jakob sehr, und ihm ward bange; und teilte das Volk, das bei ihm war, und die Schafe und die Rinder und die Kamele in zwei Heere

8 und sprach: So Esau kommt auf das eine Heer und schlägt es, so wird das übrige entrinnen.

9 Weiter sprach Jakob: Gott meines Vaters Abraham und Gott meines Vaters Isaak, HERR, der du zu mir gesagt hast: Zieh wieder in dein Land und zu deiner Freundschaft, ich will dir wohltun!

10 ich bin zu gering aller Barmherzigkeit und aller Treue, die du an deinem Knechte getan hast; denn ich hatte nicht mehr als diesen Stab, da ich über den Jordan ging, und nun bin ich zwei Heere geworden.

11 Errette mich von der Hand meines Bruders, von der Hand Esaus; denn ich fürchte mich vor ihm, daß er nicht komme und schlage mich, die Mütter samt den Kindern.

12 Du hast gesagt ich will dir wohltun und deinen Samen machen wie den Sand am Meer, den man nicht zählen kann vor der Menge.

13 Und er blieb die Nacht da und nahm von dem, das er vor Handen hatte, ein Geschenk für seinen Bruder Esau:

14 zweihundert Ziegen, zwanzig Böcke, zweihundert Schafe, zwanzig Widder

15 und dreißig säugende Kamele mit ihren Füllen, vierzig Kühe und zehn Farren, zwanzig Eselinnen mit zehn Füllen,

16 und tat sie unter die Hand seiner Knechte, je eine Herde besonders, und sprach zu ihnen: Gehet vor mir hin und lasset Raum zwischen einer Herde nach der andern;

17 und gebot dem ersten und sprach: Wenn dir mein Bruder Esau begegnet und dich fragt: Wem gehörst du an, und wo willst du hin, und wes ist's, was du vor dir treibst?

18 sollst du sagen: Es gehört deinem Knechte Jakob zu, der sendet Geschenk seinem Herrn Esau und zieht hinter uns her.

19 Also gebot er auch dem andern und dem dritten und allen, die den Herden nachgingen, und sprach: Wie ich euch gesagt habe, so sagt zu Esau, wenn ihr ihm begegnet;

20 und sagt ja auch: Siehe, dein Knecht Jakob ist hinter uns. Denn er gedachte: Ich will ihn versöhnen mit dem Geschenk, das vor mir her geht; darnach will ich ihn sehen, vielleicht wird er mich annehmen.

21 Also ging das Geschenk vor ihm her, aber er blieb dieselbe Nacht beim Heer

22 und stand auf in der Nacht und nahm seine zwei Weiber und die zwei Mägde und seine elf Kinder und zog an die Furt des Jabbok,

23 nahm sie und führte sie über das Wasser, daß hinüberkam, was er hatte,

24 und blieb allein. Da rang ein Mann mit ihm, bis die Morgenröte anbrach.

25 Und da er sah, daß er ihn nicht übermochte, rührte er das Gelenk seiner Hüfte an; und das Gelenk der Hüfte Jakobs ward über dem Ringen mit ihm verrenkt.

26 Und er sprach: Laß mich gehen, denn die

Morgenröte bricht an. Aber er antwortete: Ich lasse dich nicht, du segnest mich denn.

27 Er sprach: Wie heißt du? Er antwortete: Jakob.

28 Er sprach: Du sollst nicht mehr Jakob heißen, sondern Israel; denn du hast mit Gott und mit Menschen gekämpft und bist obgelegen.

29 Und Jakob fragte ihn und sprach: Sage doch, wie heißt du? Er aber sprach: Warum fragst du, wie ich heiße? Und er segnete ihn daselbst.

30 Und Jakob hieß die Stätte Pniel; denn ich habe Gott von Angesicht gesehen, und meine Seele ist genesen.

31 Und als er an Pniel vorüberkam, ging ihm die Sonne auf; und er hinkte an seiner Hüfte.

32 Daher essen die Kinder Israel keine Spannader auf dem Gelenk der Hüfte bis auf den heutigen Tag, darum daß die Spannader an dem Gelenk der Hüfte Jakobs angerührt ward.

33. Kapitel

Versöhnung Jakobs mit Esau.
Jakob baut sich bei Sichem an.

1 Jakob hob seine Augen auf und sah seinen Bruder Esau kommen mit vierhundert Mann. Und er teilte seine Kinder zu Lea und Rahel und zu den beiden Mägden

2 und stellte die Mägde mit ihren Kindern

vornean und Lea mit ihren Kindern hernach und Rahel mit Joseph zuletzt.

3 Und er ging vor ihnen her und neigte sich siebenmal auf die Erde, bis er zu seinem Bruder kam.

4 Esau aber lief ihm entgegen und herzte ihn und fiel ihm um den Hals und küßte ihn; und sie weinten.

5 Und er hob seine Augen auf und sah die Weiber mit den Kindern und sprach: Wer sind diese bei dir? Er antwortete: Es sind Kinder, die Gott deinem Knecht beschert hat.

6 Und die Mägde traten herzu mit ihren Kindern und neigten sich vor ihm.

7 Lea trat auch herzu mit ihren Kindern und neigten sich vor ihm. Darnach trat Joseph und Rahel herzu und neigten sich auch vor ihm.

8 Und er sprach: Was willst du mit all dem Heere, dem ich begegnet bin? Er antwortete: Daß ich Gnade fände vor meinem Herrn.

9 Esau sprach: Ich habe genug, mein Bruder; behalte was du hast.

10 Jakob antwortete: Ach, nicht! Habe ich Gnade gefunden vor dir, so nimm mein Geschenk von meiner Hand; denn ich sah dein Angesicht, als sähe ich Gottes Angesicht; und laß dir's wohl gefallen von mir.

11 Nimm doch den Segen von mir an, den ich dir zugebracht habe; denn Gott hat mir's beschert, und ich habe alles genug. Also nötigte er ihn, daß er's nahm.

12 Und er sprach: Laß uns fortziehen und reisen, ich will mit dir ziehen.

13 Er aber sprach zu ihm: Mein Herr, du erkennest, daß ich zarte Kinder bei mir habe, dazu säugende Schafe und Kühe; wenn sie einen Tag übertrieben würden, würde mir die ganze Herde sterben.

14 Mein Herr ziehe vor seinem Knechte hin. Ich will gemächlich hintennach treiben, nach dem das Vieh und die Kinder gehen können, bis daß ich komme zu meinem Herrn nach Seir.

15 Esau sprach: So will ich doch etliche bei dir lassen vom Volk, das mit mir ist. Er antwortete: Was ist's vonnöten? Laß mich nur Gnade vor meinem Herrn finden.

16 Also zog des Tages Esau wiederum seines Weges gen Seir.

17 Und Jakob zog gen Sukkoth und baute sich ein Haus und machte seinem Vieh Hütten; daher heißt die Stätte Sukkoth.

18 Darnach zog Jakob mit Frieden zu der Stadt Sichems, die im Lande Kanaan liegt (nachdem er aus Mesopotamien gekommen war), und machte sein Lager vor der Stadt

19 und kaufte ein Stück Acker von den Kindern Hemors, des Vaters Sichems, um hundert Groschen; daselbst richtete er seine Hütte auf.

20 Und er richtete daselbst einen Altar zu und rief an den Namen des starken Gottes Israels.

34. Kapitel

*Dina und Sichem.
Blutbad zu Sichem.*

1 Dina aber, Leas Tochter, die sie Jakob geboren hatte, ging heraus, die Töchter des Landes zu sehen.
2 Da die sah Sichem, Hemors Sohn, des Heviters, der des Landes Herr war, nahm er sie und lag bei ihr und schwächte sie.
3 Und sein Herz hing an ihr, und er hatte die Dirne lieb und redete freundlich mit ihr.
4 Und Sichem sprach zu seinem Vater Hemor: Nimm mir das Mägdlein zum Weibe.
5 Und Jakob erfuhr, daß seine Tochter Dina geschändet war; und seine Söhne waren mit dem Vieh auf dem Felde, und Jakob schwieg bis daß sie kamen.
6 Da ging Hemor, Sichems Vater, heraus zu Jakob, mit ihm zu reden.
7 Indes kamen die Söhne Jakobs vom Felde. Und da sie es hörten, verdroß es die Männer, und sie wurden sehr zornig, daß er eine Torheit an Israel begangen und bei Jakobs Tochter gelegen hatte, denn so sollte es nicht sein.
8 Da redete Hemor mit ihnen und sprach: Meines Sohnes Sichem Herz sehnt sich nach eurer Tochter; gebt sie ihm doch zum Weibe.
9 Befreundet euch mit uns; gebt uns eure Töchter und nehmt ihr unsere Töchter

10 und wohnt bei uns. Das Land soll euch offen sein; wohnt und werbet und gewinnet darin.

11 Und Sichem sprach zu ihrem Vater und ihren Brüdern: Laßt uns Gnade bei euch finden; was ihr mir sagt, das will ich euch geben.

12 Fordert nur getrost von mir Morgengabe und Geschenk, ich will's geben, wie ihr heischt; gebt mir nur die Dirne zum Weibe.

13 Da antworteten Jakobs Söhne dem Sichem und seinem Vater Hemor betrüglich, darum daß ihre Schwester Dina geschändet war,

14 und sprachen zu ihnen: Wir können das nicht tun, daß wir unsere Schwester einem unbeschnittenem Mann geben; denn das wäre uns eine Schande.

15 Doch dann wollen wir euch zu Willen sein, so ihr uns gleich werdet und alles, was männlich unter euch ist, beschnitten werde;

16 dann wollen wir unsere Töchter euch geben und eure Töchter uns nehmen und bei euch wohnen und ein Volk sein.

17 Wo ihr aber nicht darein willigen wollt, euch zu beschneiden, so wollen wir unsere Tochter nehmen und davonziehen.

18 Die Rede gefiel Hemor und seinem Sohn wohl.

19 Und der Jüngling verzog nicht, solches zu tun; denn er hatte Lust zu der Tochter Jakobs. Und er war herrlich gehalten über alle in seines Vaters Hause.

20 Da kamen sie nun, Hemor und sein Sohn Sichem, unter der Stadt Tor und redeten mit den Bürgern der Stadt und sprachen:

21 Diese Leute sind friedsam bei uns und wollen im Lande wohnen und werben; so ist nun das Land weit genug für sie. Wir wollen uns ihre Töchter zu Weibern nehmen und ihnen unser Töchter geben.

22 Aber dann wollen sie uns zu Willen sein, daß sie bei uns wohnen und ein Volk mit uns werden, wo wir alles, was männlich unter uns ist, beschneiden, gleich wie sie beschnitten sind.

23 Ihr Vieh und ihre Güter und alles, was sie haben, wird unser sein, so wir nur ihnen zu Willen werden, daß sie bei uns wohnen.

24 Und sie gehorchten dem Hemor und Sichem, seinem Sohn, alle, die zu seiner Stadt Tor aus und ein gingen, und beschnitten alles, was männlich war, das zu dieser Stadt aus und ein ging.

25 Und am dritten Tage, da sie Schmerzen hatten, nahmen die zwei Söhne Jakobs, Simeon und Levi, der Dina Brüder, ein jeglicher sein Schwert und gingen kühn in die Stadt und erwürgten alles, was männlich war.

26 und erwürgten auch Hemor und seinen Sohn Sichem mit der Schärfe des Schwerts und nahmen ihre Schwester Dina aus dem Hause Sichems und gingen davon.

27 Da kamen die Söhne Jakobs über die

erschlagenen und plünderten die Stadt, darum daß sie hatten ihre Schwester geschändet.

28 Und nahmen ihre Schafe, Rinder, Esel und was in der Stadt und auf dem Felde war

29 und alle ihre Habe; alle Kinder und Weiber nahmen sie gefangen, und plünderten alles, was in den Häusern war.

30 Und Jakob sprach zu Simeon und Levi: Ihr habt mir Unglück zugerichtet und mich stinkend gemacht vor den Einwohnern dieses Landes, den Kanaanitern und Pheresitern; und ich bin ein geringer Haufe. Wenn sie sich nun versammeln über mich, so werden sie mich schlagen. Also werde ich vertilgt samt meinem Hause.

31 Sie antworteten aber: Sollten sie denn mit unsrer Schwester wie mit einer Hure handeln?

35. Kapitel

Jakob in Beth-El.
Rahels und Isaaks Tod.
Jakobs Söhne.

1 Und Gott sprach zu Jakob: Mache dich auf und ziehe gen Beth-El und wohne daselbst und mache daselbst einen Altar dem Gott, der dir erschien, da du flohest vor deinem Bruder Esau.

2 Da sprach Jakob zu seinem Hause und zu allen, die mit ihm waren: Tut von euch fremde

Götter, so unter euch sind, und reinigt euch und ändert eure Kleider

3 und laßt uns auf sein und gen Beth-El ziehen, daß ich daselbst einen Altar mache dem Gott, der mich erhört hat zur Zeit meiner Trübsal und ist mit mir gewesen auf dem Wege, den ich gezogen bin.

4 Da gaben sie ihm alle fremden Götter, die unter ihren Händen waren, und ihre Ohrenspangen; und er vergrub sie unter einer Eiche, die neben Sichem stand.

5 Und sie zogen aus. Und es kam die Furcht Gottes über die Städte, die um sie her lagen, daß sie den Söhnen Jakobs nicht nachjagten.

6 Also kam Jakob gen Lus im Lande Kanaan, das da Beth-El heißt, samt all dem Volk, das mit ihm war,

7 und baute daselbst einen Altar und hieß die Stätte El-Beth-El, darum daß ihm daselbst Gott offenbart war, da er floh vor seinem Bruder.

8 Da starb Debora, der Rebekka Amme, und ward begraben unterhalb Beth-El unter der Eiche; die ward genannt die Klageeiche.

9 Und Gott erschien Jakob abermals, nachdem er aus Mesopotamien gekommen war, und segnete ihn

10 und sprach zu ihm: Du heißt Jakob; aber du sollst nicht mehr Jakob heißen, sondern Israel sollst du heißen. Und also heißt man ihn Israel.

11 Und Gott sprach zu ihm: Ich bin der allmächtige Gott; sei fruchtbar und mehre dich;

Völker und Völkerhaufen sollen von dir kommen, und Könige sollen aus deinen Lenden kommen;

12 und das Land, das ich Abraham und Isaak gegeben habe, will ich dir geben und will's deinem Samen nach dir geben.

13 Also fuhr Gott auf von ihm von dem Ort, da er mit ihm geredet hatte.

14 Jakob aber richtete ein steinernes Mal auf an dem Ort, da er mit ihm geredet hatte, und goß ein Trankopfer darauf und begoß es mit Öl.

15 Und Jakob hieß den Ort, da Gott mit ihm geredet hatte, Beth-El.

16 Und sie zogen von Beth-El. Und da noch ein Feld Weges war von Ephrath, da gebar Rahel.

17 Und es kam sie hart an über der Geburt. Da aber die Geburt so schwer ward, sprach die Wehmutter zu ihr: Fürchte dich nicht, denn diesen Sohn wirst du auch haben.

18 Da ihr aber die Seele ausging, daß sie sterben mußte, hieß sie ihn Ben-Oni; aber sein Vater hieß ihn Ben-Jamin.

19 Also starb Rahel und ward begraben an dem Wege gen Ephrath, das nun heißt Bethlehem.

20 Und Jakob richtete ein Mal auf über ihrem Grabe; dasselbe ist das Grabmal Rahels bis auf diesen Tag.

21 Und Israel zog aus und richtete seine Hütte auf jenseit des Turms Eder.

22 Und es begab sich, da Israel im Lande wohnte, ging Ruben hin und schlief bei Bilha,

seines Vaters Kebsweib; und das kam vor Israel. Es hatte aber Jakob zwölf Söhne.

23 Die Söhne Leas waren diese: Ruben, der erstgeborene Sohn Jakobs, Simeon, Levi, Juda, Isaschar und Sebulon;

24 die Söhne Rahel waren: Joseph und Benjamin;

25 die Söhne Bilhas, Rahels Magd: Dan und Naphthali;

26 die Söhne Silpas, Leas Magd: Gad und Asser. Das sind die Söhne Jakobs, die ihm geboren sind in Mesopotamien.

27 Und Jakob kam zu seinem Vater Isaak gen Mamre zu Kirjat-Arba, das da heißt Hebron, darin Abraham und Isaak Fremdlinge gewesen sind.

28 Und Isaak ward hundertundachtzig Jahre alt

29 und nahm ab und starb und ward versammelt zu seinem Volk, alt und des Lebens satt. Und seine Söhne Esau und Jakob begruben ihn.

36. Kapitel

Geschlechtsregister Esaus.

1 Das ist das Geschlecht Esaus, der da heißt Edom.

2 Esau nahm Weiber von den Töchtern Kanaans: Ada, die Tochter Elons, des Hethiters,

und Oholibama, die Tochter des Ana, die Enkelin des Zibeons, des Heviters,

3 und Basmath, Ismaels Tochter, Nebajoths Schwester.

4 Und Ada gebar dem Esau Eliphas, aber Basmath gebar Reguel.

5 Oholibama gebar Jehus, Jaelam und Korah. Das sind Esaus Kinder, die ihm geboren sind im Lande Kanaan.

6 Und Esau nahm seine Weiber, Söhne und Töchter und alle Seelen seines Hauses, seine Habe und alles Vieh mit allen Gütern, so er im Lande Kanaan erworben hatte, und zog in ein ander Land, hinweg von seinem Bruder Jakob.

7 Denn ihre Habe war zu groß, daß sie nicht konnten beieinander wohnen; und das Land darin sie Fremdlinge waren, vermochte sie nicht zu ertragen vor der Menge ihres Viehs.

8 Also wohnte Esau auf dem Gebirge Seir. Und Esau ist der Edom.

9 Dies ist das Geschlecht Esaus, von dem die Edomiter herkommen, auf dem Gebirge Seir.

10 Und so heißen die Kinder Esaus: Eliphas, der Sohn Adas, Esaus Weibes; Reguel, der Sohn Basmaths, Esaus Weibes.

11 Des Eliphas Söhne aber waren diese: Theman, Omar, Zepho, Gaetham und Kenas.

12 Und Thimna war ein Kebsweib des Eliphas, Esaus Sohnes; die gebar ihm Amalek. Das sind die Kinder von Ada, Esaus Weib.

13 Die Kinder aber Reguels sind diese: Nahath,

Serah, Samma, Missa. Das sind die Kinder von Basmath, Esaus Weib.

14 Die Kinder aber von Oholibama, Esaus Weib, der Tochter des Ana, der Enkelin Zibeons, sind diese, die sie dem Esau gebar: Jehus, Jaelam und Korah.

15 Das sind die Fürsten unter den Kindern Esaus. Die Kinder des Eliphas, des ersten Sohnes Esaus: der Fürst Theman, der Fürst Omar, der Fürst Zepho, der Fürst Kenas,

16 der Fürst Korah, der Fürst Gaetham, der Fürst Amalek. Das sind die Fürsten von Eliphas im Lande Edom und sind Kinder der Ada.

17 Und das sind die Kinder Reguels, Esaus Sohnes: der Fürst Nahath, der Fürst Serah, der Fürst Samma, der Fürst Missa. Das sind die Fürsten von Reguel im Lande der Edomiter und sind Kinder von der Basmath, Esaus Weib.

18 Das sind die Kinder Oholibamas, Esaus Weibes: der Fürst Jehus, der Fürst Jaelam, der Fürst Korah. Das sind die Fürsten von Oholibama, der Tochter des Ana, Esaus Weib.

19 Das sind die Kinder und ihre Fürsten. Er ist der Edom.

20 Die Kinder aber von Seir, dem Horiter, die im Lande wohnten, sind diese: Lotan, Sobal, Zibeon, Ana, Dison, Ezer und Disan.

21 Das sind die Fürsten der Horiter, Kinder des Seir, im Lande Edom.

22 Aber des Lotan Kinder waren diese: Hori, Heman; und Lotans Schwester hieß Thimna.

23 Die Kinder von Sobal waren diese: Alwan, Manahath, Ebal, Sepho und Onam.

24 Die Kinder von Zibeon waren diese: Aja und Ana. Das ist der Ana, der in der Wüste die warmen Quellen fand, da er seines Vaters Zibeon Esel hütete.

25 Die Kinder aber Anas waren: Dison und Oholibama, das ist die Tochter Anas.

26 Die Kinder Disons waren: Hemdan, Esban, Jethran und Cheran.

27 Die Kinder Ezers waren: Bilhan, Sawan und Akan.

28 Die Kinder Disans waren: Uz und Aran.

29 Dies sind die Fürsten der Horiter: der Fürst Lotan, der Fürst Sobal, der Fürst Zibeon, der Fürst Ana,

30 der Fürst Dison, der Fürst Ezer, der Fürst Disan. Das sind die Fürsten der Horiter, die regiert haben im Lande Seir.

31 Die Könige aber, die im Lande Edom regiert haben, ehe denn die Kinder Israel Könige hatten, sind diese:

32 Bela war König in Edom, ein Sohn Beors, und seine Stadt hieß Dinhaba.

33 Und da Bela starb, ward König an seiner Statt Jobab, ein Sohn Serahs von Bozra.

34 Da Jobab starb, ward an seiner Statt König Husam aus der Themaniter Lande.

35 Da Husam starb, ward König an seiner Statt Hadad, ein Sohn Bedads, der die Midianiter

schlug auf der Moabiter Felde; und seine Stadt hieß Awith.

36 Da Hadad starb, regierte Samla von Masrek.

37 Da Samla starb, ward Saul König, von Rehoboth am Strom.

38 Da Saul starb, ward an seiner Statt König Baal-Hanan, der Sohn Achbors.

39 Da Baal-Hanan, Achbors Sohn, starb, ward an seiner Statt König Hadar; und seine Stadt hieß Pagu, und sein Weib Mehetabeel, eine Tochter Matreds, die Mesahabs Tochter war.

40 Also heißen die Fürsten von Esau in ihren Geschlechtern, Örtern und Namen: der Fürst Thimna, der Fürst Alwa, der Fürst Jetheth,

41 der Fürst Oholibama, der Fürst Ela, der Fürst Pinon,

42 der Fürst Kenas, der Fürst Theman, der Fürst Mibzar,

43 der Fürst Magdiel, der Fürst Iram. Das sind die Fürsten in Edom, wie sie gewohnt haben in ihrem Erblande. Das ist Esau, der Vater der Edomiter.

37. Kapitel

Josephs Träume. Verkauf nach Ägypten. Jakobs Trauer.

1 Jakob aber wohnte im Lande, darin sein Vater ein Fremdling gewesen war, im Lande Kanaan.

2 Und dies sind die Geschlechter Jakobs: Joseph war siebzehn Jahre alt, da er ein Hirte des Viehs ward mit seinen Brüdern; und der Knabe war bei den Kindern Bilhas und Silpas, der Weiber seines Vaters, und brachte vor ihren Vater, wo ein böses Geschrei wider sie war.

3 Israel aber hatte Joseph lieber als alle seine Kinder, darum daß er ihn im Alter gezeugt hatte; und machte ihm einen bunten Rock.

4 Da nun seine Brüder sahen, daß ihn ihr Vater lieber hatte als alle seine Brüder, waren sie ihm feind und konnten ihm kein freundlich Wort zusprechen.

5 Dazu hatte Joseph einmal einen Traum und sagte zu seinen Brüdern davon; da wurden sie ihm noch feinder.

6 Denn er sprach zu ihnen: Höret doch, was mir geträumt hat:

7 Mich deuchte, wir banden Garben auf dem Felde, und meine Garbe richtete sich auf und stand, und eure Garben umher neigten sich vor meiner Garbe.

8 Da sprachen seine Brüder zu ihm: Solltest du unser König werden und über uns herrschen? und sie wurden ihm noch feinder um seines Traumes und seiner Rede willen.

9 Und er hatte noch einen andern Traum, den erzählte er seinen Brüdern und sprach: Siehe, ich habe einen Traum gehabt: Mich deuchte, die Sonne und der Mond und elf Sterne neigten sich vor mir.

10 Und da das seinem Vater und seinen Brüdern gesagt ward, strafte ihn sein Vater und sprach zu ihm: Was ist das für ein Traum, der dir geträumt hat? Soll ich und deine Mutter und deine Brüder kommen und vor dir niederfallen?

11 Und seine Brüder beneideten ihn. Aber sein Vater behielt diese Worte.

12 Da nun seine Brüder hingingen, zu weiden das Vieh ihres Vaters in Sichem,

13 sprach Israel zu Joseph: Hüten nicht deine Brüder das Vieh in Sichem? Komm, ich will dich zu ihnen senden. Er aber sprach: Hier bin ich.

14 Und er sprach: Gehe hin und sieh, ob's wohl stehe um deine Brüder und um das Vieh, und sage mir wieder Antwort. Und er sandte ihn aus dem Tal Hebron, daß er gen Sichem ginge.

15 Da fand ihn ein Mann, daß er irreging auf dem Felde; der fragte ihn und sprach: Wen suchst du?

16 Er antwortete: Ich suche meine Brüder; sage mir doch an, wo sie hüten.

17 Der Mann sprach: Sie sind von dannen gezogen; denn ich hörte, daß sie sagten: Laßt uns gen Dothan gehen. Da folgte Joseph seinen Brüdern nach und fand sie zu Dothan.

18 Als sie ihn nun sahen von ferne, ehe er denn nahe zu ihnen kam, machten sie einen Anschlag, daß sie ihn töteten,

19 und sprachen untereinander: Seht, der Träumer kommt daher.

20 So kommt nun und laßt uns ihn erwürgen und in eine Grube werfen und sagen, ein böses Tier habe ihn gefressen, so wird man sehen, was seine Träume sind.

21 Da das Ruben hörte, wollte er ihn aus ihren Händen erretten, und sprach: Laßt uns ihn nicht töten.

22 Und weiter sprach Ruben zu ihnen: Vergießt nicht Blut, sondern werft ihn in die Grube, die in der Wüste ist, und legt die Hand nicht an ihn. Er wollte ihn aber aus ihrer Hand erretten, daß er ihn seinem Vater wiederbrächte.

23 Als nun Joseph zu seinen Brüdern kam, zogen sie ihm seinen Rock, den bunten Rock, aus, den er anhatte,

24 und nahmen ihn und warfen ihn in die Grube; aber die Grube war leer und kein Wasser darin.

25 Und setzten sich nieder, zu essen. Indes hoben sie ihre Augen auf und sahen einen Haufen Ismaeliter kommen von Gilead mit ihren Kamelen; die trugen Würze, Balsam und Myrrhe und zogen hinab nach Ägypten.

26 Da sprach Juda zu seinen Brüdern: Was hilft's uns, daß wir unseren Bruder erwürgen und sein Blut verbergen?

27 Kommt, laßt uns ihn den Ismaeliten verkaufen, daß sich unsre Hände nicht an ihm vergreifen; denn er ist unser Bruder, unser Fleisch und Blut. Und sie gehorchten ihm.

28 Und da die Midianiter, die Kaufleute, vorüberreisten, zogen sie ihn heraus aus der Grube und verkauften ihn den Ismaeliten um zwanzig Silberlinge; die brachten ihn nach Ägypten.

29 Als nun Ruben wieder zur Grube kam und fand er Joseph nicht darin, zerriß er sein Kleid

30 und kam wieder zu seinen Brüdern und sprach: Der Knabe ist nicht da! Wo soll ich hin?

31 Da nahmen sie Josephs Rock und schlachteten einen Ziegenbock und tauchten den Rock ins Blut

32 und schickten den bunten Rock hin und ließen ihn ihrem Vater bringen und sagen: Diesen haben wir gefunden; sieh, ob's deines Sohnes Rock sei oder nicht.

33 Er erkannte ihn aber und sprach: Es ist meines Sohnes Rock; ein böses Tier hat ihn gefressen, ein reißendes Tier hat Joseph zerrissen.

34 Und Jakob zerriß sein Kleider und legte einen Sack um seine Lenden und trug Leid um seinen Sohn lange Zeit.

35 Und alle seine Söhne und Töchter traten auf, daß sie ihn trösteten; aber er wollte sich nicht trösten lassen und sprach: Ich werde mit Leid hinunterfahren in die Grube zu meinem Sohn. Und sein Vater beweinte ihn.

36 Aber die Midianiter verkauften ihn in Ägypten dem Potiphar, des Pharao Kämmerer und Hauptmann der Leibwache.

38. Kapitel

Juda's Sünde

1 Es begab sich um dieselbe Zeit, daß Juda hinabzog von seinen Brüdern und tat sich zu einem Mann von Adullam, der hieß Hira.

2 Und Juda sah daselbst eines Kanaaniter-Mannes Tochter, der hieß Sua, und nahm sie. Und da er zu ihr einging,

3 ward sie schwanger und gebar einen Sohn, den hieß er Ger.

4 Und sie ward abermals schwanger und gebar einen Sohn, den hieß sie Onan.

5 Sie gebar abermals einen Sohn, den hieß sie Sela; und er war zu Chesib, da sie ihn gebar.

6 Und Juda gab seinem ersten Sohn, Ger, ein Weib, die hieß Thamar.

7 Aber Ger war böse vor dem HERRN; darum tötete ihn der HERR.

8 Da sprach Juda zu Onan: Gehe zu deines Bruders Weib und nimm sie zur Ehe, daß du deinem Bruder Samen erweckest.

9 Aber da Onan wußte, daß der Same nicht sein eigen sein sollte, wenn er einging zu seines Bruders Weib, ließ er's auf die Erde fallen und verderbte es, auf daß er seinem Bruder nicht Samen gäbe.

10 Das gefiel dem HERRN übel, was er tat, und er tötete ihn auch.

11 Da sprach Juda zu seiner Schwiegertochter Thamar: Bleibe eine Witwe in deines Vaters Hause, bis mein Sohn Sela groß wird. Denn er gedachte, vielleicht möchte er auch sterben wie seine Brüder. Also ging Thamar hin und blieb in ihres Vaters Hause.

12 Da nun viele Tage verlaufen waren, starb des Sua Tochter, Juda's Weib. Und nachdem Juda ausgetrauert hatte, ging er hinauf seine Schafe zu scheren, gen Thimnath mit seinem Freunde Hira von Adullam.

13 Da ward der Thamar angesagt: Siehe, dein Schwiegervater geht hinauf gen Thimnath, seine Schafe zu scheren.

14 Da legte sie die Witwenkleider von sich, die sie trug, deckte sich mit einem Mantel und verhüllte sich und setzte sich vor das Tor von Enaim an dem Wege gen Thimnath; denn sie sah, daß Sela war groß geworden, und sie ward ihm nicht zum Weibe gegeben.

15 Da sie nun Juda sah, meinte er, sie wäre eine Hure; denn sie hatte ihr Angesicht verdeckt.

16 Und er machte sich zu ihr am Wege und sprach: Laß mich doch zu dir kommen; denn er wußte nicht, daß es seine Schwiegertochter wäre. Sie antwortete: Was willst du mir geben, daß du zu mir kommst?

17 Er sprach: Ich will dir einen Ziegenbock von der Herde senden. Sie antwortete: So gib mir ein Pfand, bis daß du mir's sendest.

18 Er sprach: Was willst du für ein Pfand, das ich dir gebe? Sie antwortete: Deinen Ring und deine Schnur und deinen Stab, den du in den Händen hast. Da gab er's ihr und kam zu ihr; und sie ward von ihm schwanger.

19 Und sie machte sich auf und ging hin und zog ihre Witwenkleider wieder an.

20 Juda aber sandte den Ziegenbock durch seinen Freund Adullam, daß er das Pfand wieder holte von dem Weibe; und er fand sie nicht.

21 Da fragte er die Leute: Wo ist die Hure, die zu Enaim am Wege saß? Sie antworteten: Es ist keine Hure da gewesen.

22 Und er kam wieder zu Juda und sprach: Ich habe sie nicht gefunden; dazu sagen die Leute des Orts, es sei keine Hure da gewesen.

23 Juda sprach: Sie mag's behalten; sie kann uns doch nicht Schande nachsagen, denn ich habe den Bock gesandt, so hast du sie nicht gefunden.

24 Über drei Monate ward Juda angesagt: Deine Schwiegertochter Thamar hat gehurt; dazu siehe, ist sie von der Hurerei schwanger geworden. Juda spricht: Bringt sie hervor, daß sie verbrannt werde.

25 Und da man sie hervorbrachte, schickte sie zu ihrem Schwiegervater und sprach: Von dem Mann bin ich schwanger, des dies ist. Und sprach: Kennst du auch, wes dieser Ring und diese Schnur und dieser Stab ist?

26 Juda erkannte es und sprach: Sie ist gerechter als ich; denn ich habe sie nicht gegeben meinem Sohn Sela. Doch erkannte er sie fürder nicht mehr.

27 Und da sie gebären sollte, wurden Zwillinge in ihrem Leib gefunden.

28 Und als sie jetzt gebar, tat sich eine Hand heraus. Da nahm die Wehmutter einen roten Faden und band ihn darum und sprach: Der wird zuerst herauskommen.

29 Da aber der seine Hand wieder hineinzog, kam sein Bruder heraus; und sie sprach: Warum hast du um deinetwillen solchen Riß gerissen? Und man hieß ihn Perez.

30 Darnach kam sein Bruder heraus, der den roten Faden um seine Hand hatte. Und man hieß ihn Serah.

39. Kapitel

*Josephs Dienst bei Potiphar,
Keuschheit und Gefängnis.*

1 Joseph ward hinab nach Ägypten geführt; und Potiphar, ein ägyptischer Mann, des Pharao Kämmerer und Hauptmann, kaufte ihn von den Ismaeliten, die ihn hinabbrachten.

2 Und der HERR war mit Joseph, daß er ein glücklicher Mann ward; und er war in seines Herrn, des Ägypters, Hause.

3 Und sein Herr sah, daß der HERR mit ihm war; denn alles, was er tat, dazu gab der HERR Glück durch ihn,

4 Also daß er Gnade fand vor seinem Herrn und sein Diener ward. Der setzte ihn über sein Haus, und alles, was er hatte, tat er unter seine Hände.

5 Und von der Zeit an, da er ihn über sein Haus und alle seine Güter gesetzt hatte, segnete der HERR des Ägypters Haus um Josephs willen; und war eitel Segen des HERRN in allem, was er hatte, zu Hause und auf dem Felde.

6 Darum ließ er alles unter Josephs Händen, was er hatte, und nahm sich keines Dinges an, solange er ihn hatte, nur daß er aß und trank. Und Joseph war schön und hübsch von Angesicht.

7 Und es begab sich nach dieser Geschichte, daß seines Herrn Weib ihre Augen auf Joseph warf und sprach: Schlafe bei mir!

8 Er weigerte sich aber und sprach zu ihr: Siehe, mein Herr nimmt sich keines Dinges an vor mir, was im Hause ist, und alles, was er hat, das hat er unter meine Hände getan,

9 und hat nichts so Großes in dem Hause, das er mir verhohlen habe, außer dir, indem du sein Weib bist. Wie sollte ich denn nun ein solch groß Übel tun und wider Gott sündigen?

10 Und sie trieb solche Worte gegen Joseph täglich. Aber er gehorchte ihr nicht, daß er nahe bei ihr schliefe noch um sie wäre.

11 Es begab sich eines Tages, daß Joseph in das Haus ging, sein Geschäft zu tun, und war kein Mensch vom Gesinde des Hauses dabei.

12 Und sie erwischte ihn bei seinem Kleid und sprach: Schlafe bei mir! Aber er ließ das Kleid in ihrer Hand und floh und lief zum Hause hinaus.

13 Da sie nun sah, daß er sein Kleid in ihrer Hand ließ und hinaus entfloh,

14 rief sie das Gesinde im Hause und sprach zu ihnen: Sehet, er hat uns den hebräischen Mann hereingebracht, daß er seinen Mutwillen mit uns treibe. Er kam zu mir herein und wollte bei mir schlafen; ich rief aber mit lauter Stimme.

15 Und da er hörte, daß ich ein Geschrei machte und rief, da ließ er sein Kleid bei mir und lief hinaus.

16 Und sie legte sein Kleid neben sich, bis der Herr heimkam,

17 und sagte zu ihm ebendieselben Worte und sprach: Der hebräische Knecht, den du uns hereingebracht hast, kam zu mir herein und wollte seinen Mutwillen mit mir treiben.

18 Da ich aber ein Geschrei machte und rief, da ließ er sein Kleid bei mir und floh hinaus.

19 Als sein Herr hörte die Rede seines Weibes, die sie ihm sagte und sprach: Also hat mir dein Knecht getan, ward er sehr zornig.

20 Da nahm ihn sein Herr und legte ihn ins Gefängnis, darin des Königs Gefangene lagen; und er lag allda im Gefängnis.

21 Aber der HERR war mit ihm und neigte seine Huld zu ihm und ließ ihn Gnade finden vor dem Amtmann über das Gefängnis,

22 daß er ihm unter seine Hand befahl alle Gefangenen im Gefängnis, auf daß alles, was da geschah, durch ihn geschehen mußte.

23 Denn der Amtmann des Gefängnisses nahm sich keines Dinges an; denn der HERR war mit Joseph, und was er tat, dazu gab der HERR Glück.

40. Kapitel

Joseph legt zwei Gefangenen ihre Träume aus.

1 Und es begab sich darnach, daß sich der Schenke des Königs in Ägypten und der Bäcker versündigten an ihrem Herrn, dem König von Ägypten.

2 Und Pharao ward zornig über seine beiden Kämmerer, über den Amtmann über die Schenken und über den Amtmann über die Bäcker,

3 und ließ sie setzen in des Hauptmanns Haus ins Gefängnis, da Joseph lag.

4 Und der Hauptmann setzte Joseph über sie, daß er ihnen diente; und sie saßen etliche Tage im Gefängnis.

5 Und es träumte ihnen beiden, dem Schenken und dem Bäcker des Königs von Ägypten, in

einer Nacht einem jeglichen ein eigener Traum; und eines jeglichen Traum hatte seine Bedeutung.

6 Da nun des Morgens Joseph zu ihnen hereinkam und sah, daß sie traurig waren,

7 fragte er sie und sprach: Warum seid ihr heute so traurig?

8 Sie antworteten: Es hat uns geträumt, und wir haben niemand, der es uns auslege. Joseph sprach: Auslegen gehört Gott zu; doch erzählt mir's.

9 Da erzählte der oberste Schenke seinen Traum Joseph und sprach zu ihm: Mir hat geträumt, daß ein Weinstock vor mir wäre,

10 der hatte drei Reben, und er grünte, wuchs und blühte, und seine Trauben wurden reif;

11 und ich hatte den Becher Pharaos in meiner Hand und nahm die Beeren und zerdrückte sie in den Becher und gab den Becher Pharao in die Hand.

12 Joseph sprach zu ihm: Das ist seine Deutung. Drei Reben sind drei Tage.

13 Über drei Tage wird Pharao dein Haupt erheben und dich wieder an dein Amt stellen, daß du ihm den Becher in die Hand gebest nach der vorigen Weise, da du sein Schenke warst.

14 Aber gedenke meiner, wenn dir's wohl geht, und tue Barmherzigkeit an mir, daß du Pharao erinnerst, daß er mich aus diesem Hause führe.

15 Denn ich bin aus dem Lande der Hebräer

heimlich gestohlen; dazu habe ich auch allhier nichts getan, daß sie mich eingesetzt haben.

16 Da der oberste Bäcker sah, daß die Deutung gut war, sprach er zu Joseph: Mir hat auch geträumt, ich trüge drei weiße Körbe auf meinem Haupt

17 und im obersten Korbe allerlei gebackene Speise für den Pharao; und die Vögel aßen aus dem Korbe auf meinem Haupt.

18 Joseph antwortete und sprach: Das ist seine Deutung: Drei Körbe sind drei Tage;

19 und nach drei Tagen wird dir Pharao dein Haupt erheben und dich an den Galgen hängen, und die Vögel werden dein Fleisch von dir essen.

20 Und es geschah des dritten Tages, da beging Pharao seinen Jahrestag; und er machte eine Mahlzeit allen seinen Knechten und erhob das Haupt des obersten Schenken und das Haupt des obersten Bäckers unter den Knechten,

21 und setzte den obersten Schenken wieder in sein Schenkamt, daß er den Becher reicht in Pharaos Hand;

22 aber den obersten Bäcker ließ er henken, wie ihnen Joseph gedeutet hatte.

23 Aber der oberste Schenke gedachte nicht an Joseph, sondern vergaß ihn.

41. Kapitel

*Pharaos Traum. Josephs Deutung.
Erhöhung und Fürsorge für Ägypten.*

1 Und nach zwei Jahren hatte Pharao einen Traum, wie er stünde am Nil
2 und sähe aus dem Wasser steigen sieben schöne, fette Kühe; die gingen auf der Weide im Grase.
3 Nach diesen sah er andere sieben Kühe aus dem Wasser aufsteigen; die waren häßlich und mager und traten neben die Kühe an das Ufer am Wasser.
4 Und die häßlichen und mageren fraßen die sieben schönen, fetten Kühe. Da erwachte Pharao.
5 Und er schlief wieder ein, und ihn träumte abermals, und er sah, daß sieben Ähren wuchsen an einem Halm, voll und dick.
6 Darnach sah er sieben dünne Ähren aufgehen, die waren vom Ostwind versengt.
7 Und die sieben mageren Ähren verschlangen die sieben dicken und vollen Ähren. Da erwachte Pharao und merkte, daß es ein Traum war.
8 Und da es Morgen ward, war sein Geist bekümmert; und er schickte aus und ließ rufen alle Wahrsager in Ägypten und alle Weisen und erzählte ihnen seine Träume. Aber da war keiner, der sie dem Pharao deuten konnte.

9 Da redete der oberste Schenke zu Pharao und sprach: Ich gedenke heute an meine Sünden.

10 Da Pharao zornig ward über seine Knechte, und mich mit dem obersten Bäcker ins Gefängnis legte in des Hauptmanns Hause,

11 da träumte uns beiden in einer Nacht, einem jeglichen sein Traum, des Deutung ihn betraf.

12 Da war bei uns ein hebräischer Jüngling, des Hauptmanns Knecht, dem erzählten wir's. Und er deutete uns unsere Träume, einem jeglichen seinen Traum.

13 Und wie er uns deutete, so ist's ergangen; denn ich bin wieder in mein Amt gesetzt, und jener ist gehenkt.

14 Da sandte Pharao hin und ließ Joseph rufen; und sie ließen ihn eilend aus dem Gefängnis. Und er ließ sich scheren und zog andere Kleider an und kam hinein zu Pharao.

15 Da sprach Pharao zu ihm: Mir hat ein Traum geträumt, und ist niemand, der ihn deuten kann; ich habe aber gehört von dir sagen, wenn du einen Traum hörst, so kannst du ihn deuten.

16 Joseph antwortete Pharao und sprach: Das steht bei mir nicht; Gott wird doch Pharao Gutes weissagen.

17 Pharao sprach zu Joseph: Mir träumte ich stand am Ufer bei dem Wasser

18 und sah aus dem Wasser steigen sieben schöne, fette Kühe; die gingen auf der Weide im Grase.

19 Und nach ihnen sah ich andere sieben, dürre, sehr häßliche und magere Kühe heraussteigen. Ich habe in ganz Ägyptenland nicht so häßliche gesehen.
20 Und die sieben mageren und häßlichen Kühe fraßen auf die sieben ersten, fetten Kühe.
21 Und da sie sie hineingefressen hatten, merkte man's nicht an ihnen, daß sie die gefressen hatten, und waren häßlich gleich wie vorhin. Da wachte ich auf.
22 Und ich sah abermals in einem Traum sieben Ähren auf einem Halm wachsen, voll und dick.
23 Darnach gingen auf sieben dürre Ähren, dünn und versengt.
24 Und die sieben dünnen Ähren verschlangen die sieben dicken Ähren. Und ich habe es den Wahrsagern gesagt; aber die können's mir nicht deuten.
25 Joseph antwortete Pharao: Beide Träume Pharaos sind einerlei. Gott verkündigt Pharao, was er vorhat.
26 Die sieben schönen Kühe sind sieben Jahre, und die sieben guten Ähren sind auch die sieben Jahre. Es ist einerlei Traum.
27 Die sieben mageren und häßlichen Kühe, die nach jenen aufgestiegen sind, das sind sieben Jahre; und die sieben mageren und versengten Ähren sind sieben Jahre teure Zeit.
28 Das ist nun, wie ich gesagt habe zu Pharao, daß Gott Pharao zeigt, was er vorhat.

29 Siehe, sieben reiche Jahre werden kommen in ganz Ägyptenland.

30 Und nach denselben werden sieben Jahre teure Zeit kommen, daß man vergessen wird aller solcher Fülle in Ägyptenland; und die teure Zeit wird das Land verzehren,

31 daß man nichts wissen wird von der Fülle im Lande vor der teuren Zeit, die hernach kommt; denn sie wird sehr schwer sein.

32 Daß aber dem Pharao zum andernmal geträumt hat, bedeutet, daß solches Gott gewiß und eilend tun wird.

33 Nun sehe Pharao nach einem verständigen und weisen Mann, den er über Ägyptenland setze,

34 und schaffe, daß er Amtleute verordne im Lande und nehme den Fünften in Ägyptenland in den sieben reichen Jahren

35 und sammle alle Speise der guten Jahre, die kommen werden, daß sie Getreide aufschütten in Pharaos Kornhäuser zum Vorrat in den Städten und es verwahren,

36 auf daß man Speise verordnet finde dem Lande in den sieben teuren Jahren, die über Ägyptenland kommen werden, daß nicht das Land vor Hunger verderbe.

37 Die Rede gefiel Pharao und allen seinen Knechten wohl.

38 Und Pharao sprach zu seinen Knechten: Wie könnten wir einen solchen Mann finden, in dem der Geist Gottes sei?

39 Und sprach zu Joseph: Weil dir Gott solches alles hat kundgetan, ist keiner so verständig und weise wie du.

40 Du sollst über mein Haus sein, und deinem Wort soll all mein Volk gehorsam sein; allein um den königlichen Stuhl will ich höher sein als du.

41 Und weiter sprach Pharao zu Joseph: Siehe, ich habe dich über ganz Ägyptenland gesetzt.

42 Und er tat seinen Ring von seiner Hand und gab ihn Joseph an seine Hand und kleidete ihn mit köstlicher Leinwand und hing eine goldene Kette an seinen Hals

43 und ließ ihn auf seinem zweiten Wagen fahren und ließ vor ihm ausrufen: Der ist des Landes Vater! und setzte ihn über ganz Ägyptenland.

44 Und Pharao sprach zu Joseph: Ich bin Pharao; ohne deinen Willen soll niemand seine Hand und Fuß regen in ganz Ägyptenland.

45 Und nannte ihn den heimlichen Rat und gab ihm ein Weib, Asnath, die Tochter Potipheras, des Priesters zu On. Also zog Joseph aus, das Land Ägypten zu besehen.

46 Und er war dreißig Jahre alt, da er vor Pharao stand, dem König in Ägypten; und fuhr aus von Pharao und zog durch ganz Ägyptenland.

47 Und das Land trug in den sieben reichen Jahren die Fülle;

48 und sie sammelten alle Speise der sieben Jahre, so im Lande Ägypten waren, und taten sie

in die Städte. Was für Speise auf dem Felde einer jeglichen Stadt umher wuchs, das taten sie hinein.

49 Also schüttete Joseph das Getreide auf, über die Maßen viel wie Sand am Meer, also daß er aufhörte es zu zählen; denn man konnte es nicht zählen.

50 Und Joseph wurden zwei Söhne geboren, ehe denn die teure Zeit kam, welche ihm gebar Asnath, Potipheras, des Priesters zu On, Tochter.

51 Und er hieß den ersten Manasse; denn Gott, sprach er, hat mich lassen vergessen alles meines Unglücks und all meines Vaters Hauses.

52 Den andern hieß er Ephraim; denn Gott, sprach er, hat mich lassen wachsen in dem Lande meines Elends.

53 Da nun die sieben reichen Jahre um waren in Ägypten,

54 da fingen an die sieben teuren Jahre zu kommen, davon Joseph gesagt hatte. Und es ward eine Teuerung in allen Landen; aber in ganz Ägyptenland war Brot.

55 Da nun das ganze Ägyptenland auch Hunger litt, schrie das Volk zu Pharao um Brot. Aber Pharao sprach zu allen Ägyptern: Gehet hin zu Joseph; was euch der sagt, das tut.

56 Als nun im ganzen Lande Teuerung war, tat Joseph allenthalben Kornhäuser auf und verkaufte den Ägyptern. Denn die Teuerung ward je länger, je größer im Lande.

57 Und alle Lande kamen nach Ägypten, zu kaufen bei Joseph; denn die Teuerung war groß in allen Landen.

42. Kapitel

Reise der Söhne Jakobs nach Ägypten ohne Benjamin

1 Da aber Jakob sah, daß Getreide in Ägypten feil war, sprach er zu seinen Söhnen: Was sehet ihr euch lange um?
2 Siehe, ich höre, es sei in Ägypten Getreide feil; zieht hinab und kauft uns Getreide, daß wir leben und nicht sterben.
3 Also zogen hinab zehn Brüder Josephs, daß sie in Ägypten Getreide kauften.
4 Aber den Benjamin, Josephs Bruder, ließ Jakob nicht mit seinen Brüdern ziehen; denn er sprach: Es möchte ihm ein Unfall begegnen.
5 Also kamen die Kinder Israels, Getreide zu kaufen, samt anderen, die mit ihnen zogen; denn es war im Lande Kanaan auch teuer.
6 Aber Joseph war der Regent im Lande und verkaufte Getreide allem Volk im Lande. Da nun seine Brüder kamen, fielen sie vor ihm nieder zur Erde auf ihr Antlitz.
7 Und er sah sie an und kannte sie und stellte sich fremd gegen sie und redete hart mit ihnen und sprach zu ihnen: Woher kommt ihr? Sie

sprachen: Aus dem Lande Kanaan, Speise zu kaufen.

8 Aber wiewohl er sie kannte, kannten sie ihn doch nicht.

9 Und Joseph gedachte an die Träume, die ihm von ihnen geträumt hatten, und sprach zu ihnen: Ihr seid Kundschafter und seid gekommen zu sehen, wo das Land offen ist.

10 Sie antworteten ihm: Nein, mein Herr; deine Knechte sind gekommen Speise zu kaufen.

11 Wir sind alle eines Mannes Söhne; wir sind redlich, und deine Knechte sind nie Kundschafter gewesen.

12 Er sprach zu ihnen: Nein, sondern ihr seid gekommen, zu ersehen, wo das Land offen ist.

13 Sie antworteten ihm: Wir, deine Knechte, sind zwölf Brüder, eines Mannes Söhne im Lande Kanaan, und der jüngste ist noch bei unserm Vater; aber der eine ist nicht mehr vorhanden.

14 Joseph sprach zu ihnen: Das ist's, was ich euch gesagt habe: Kundschafter seid ihr.

15 Daran will ich euch prüfen; bei dem Leben Pharaos! ihr sollt nicht von dannen kommen, es komme denn her euer jüngster Bruder.

16 Sendet einen unter euch hin, der euren Bruder hole; ihr aber sollt gefangen sein. Also will ich prüfen eure Rede, ob ihr mit Wahrheit umgeht oder nicht. Denn wo nicht, so seid ihr, bei dem Leben Pharaos! Kundschafter.

17 Und er ließ sie beisammen verwahren drei Tage lang.

18 Am dritten Tage aber sprach er zu ihnen: Wollt ihr leben, so tut also; denn ich fürchte Gott.

19 Seid ihr redlich, so laßt eurer Brüder einen gebunden liegen in eurem Gefängnis; ihr aber zieht hin und bringet heim, was ihr gekauft habt für den Hunger.

20 Und bringt euren jüngsten Bruder zu mir, so will ich euren Worten glauben, daß ihr nicht sterben müßt. Und sie taten also.

21 Sie aber sprachen untereinander: Das haben wir uns an unserm Bruder verschuldet, daß wir sahen die Angst seiner Seele, da er uns anflehte, und wir wollten ihn nicht erhören; darum kommt nun diese Trübsal über uns.

22 Ruben antwortete ihnen und sprach: Sagte ich's euch nicht, da ich sprach: Versündigt euch nicht an dem Knaben, und ihr wolltet nicht hören? Nun wird sein Blut gefordert.

23 Sie wußten aber nicht, daß es Joseph verstand; denn er redete mit ihnen durch einen Dolmetscher.

24 Und er wandte sich von ihnen und weinte. Da er nun sich wieder zu ihnen wandte und mit ihnen redete, nahm er aus ihnen Simeon und band ihn vor ihren Augen.

25 Und Joseph tat Befehl, daß man ihre Säcke mit Getreide füllte und ihr Geld wiedergäbe, einem jeglichen in seinen Sack, dazu auch Zehrung auf den Weg; und man tat ihnen also.

26 Und sie luden ihre Ware auf ihre Esel und zogen von dannen.

27 Da aber einer seinen Sack auftat, daß er seinem Esel Futter gäbe in der Herberge, ward er gewahr seines Geldes, das oben im Sack lag,

28 und sprach zu seinen Brüdern: Mein Geld ist mir wieder geworden; siehe, in meinem Sack ist es. Da entfiel ihnen ihr Herz, und sie erschraken untereinander und sprachen: Warum hat uns Gott das getan?

29 Da sie nun heimkamen zu ihrem Vater Jakob ins Land Kanaan, sagten sie ihm alles, was ihnen begegnet war, und sprachen:

30 Der Mann, der im Lande Herr ist, redete hart mit uns und hielt uns für Kundschafter des Landes.

31 Und da wir ihm antworteten: Wir sind redlich und nie Kundschafter gewesen,

32 sondern zwölf Brüder, unsers Vaters Söhne, einer ist nicht mehr vorhanden, und der jüngste ist noch bei unserm Vater im Lande Kanaan,

33 sprach der Herr des Landes zu uns: Daran will ich merken, ob ihr redlich seid: Einen eurer Brüder laßt bei mir, und nehmt die Notdurft für euer Haus und zieht hin,

34 und bringt euren jüngsten Bruder zu mir, so merke ich, daß ihr nicht Kundschafter, sondern redlich seid; so will ich euch euren Bruder geben, und ihr mögt im Lande werben.

35 Und da sie die Säcke ausschütteten, fand ein jeglicher sein Bündlein Geld in seinem Sack.

Und da sie sahen, daß es Bündlein ihres Geldes waren, erschraken sie samt ihrem Vater.

36 Da sprach Jakob, ihr Vater, zu ihnen: Ihr beraubt mich meiner Kinder; Joseph ist nicht mehr vorhanden, Simeon ist nicht mehr vorhanden, Benjamin wollt ihr hinnehmen; es geht alles über mich.

37 Ruben antwortete seinem Vater und sprach: Wenn ich dir ihn nicht wiederbringe, so erwürge meine zwei Söhne; gib ihn nur in meine Hand, ich will ihn dir wiederbringen.

38 Er sprach: Mein Sohn soll nicht mit euch hinabziehen, denn sein Bruder ist tot, und er ist allein übriggeblieben; wenn ihm ein Unfall auf dem Wege begegnete, den ihr reiset, würdet ihr meine grauen Haare mit Herzeleid in die Grube bringen.

43. Kapitel

Reise der Söhne Jakobs nach Ägypten mit Benjamin

1 Die Teuerung aber drückte das Land.

2 Und da es verzehrt war, was sie an Getreide aus Ägypten gebracht hatten, sprach ihr Vater zu ihnen: Zieht wieder hin und kauft uns ein wenig Speise.

3 Da antwortete ihm Juda und sprach: Der Mann band uns das hart ein und sprach: Ihr sollt mein

Angesicht nicht sehen, es sei denn euer Bruder mit euch.

4 Ist's nun, daß du unsern Bruder mit uns sendest, so wollen wir hinabziehen und dir zu essen kaufen.

5 Ist's aber, daß du ihn nicht sendest, so ziehen wir nicht hinab. Denn der Mann hat gesagt zu uns: Ihr sollt mein Angesicht nicht sehen, euer Bruder sei denn mit euch.

6 Israel sprach: Warum habt ihr so übel an mir getan, daß ihr dem Mann ansagtet, daß ihr noch einen Bruder habt?

7 Sie antworteten: Der Mann forschte so genau nach uns und unsrer Freundschaft und sprach: Lebt euer Vater noch? Habt ihr auch noch einen Bruder? Da sagten wir ihm, wie er uns fragte. Wie konnten wir wissen, daß er sagen würde: Bringt euren Bruder mit hernieder?

8 Da sprach Juda zu Israel, seinem Vater: Laß den Knaben mit mir ziehen, daß wir uns aufmachen und reisen, und leben und nicht sterben, wir und du und unsre Kindlein.

9 Ich will Bürge für ihn sein, von meinen Händen sollst du ihn fordern. Wenn ich dir ihn nicht wiederbringe und vor deine Augen stelle, so will ich mein Leben lang die Schuld tragen.

10 Denn wo wir nicht hätten verzogen, wären wir schon wohl zweimal wiedergekommen.

11 Da sprach Israel, ihr Vater, zu ihnen: Muß es denn ja also sein, so tut's und nehmt von des Landes besten Früchten in eure Säcke und

bringt dem Manne Geschenke hinab: ein wenig Balsam und Honig, Würze und Myrrhe, Datteln und Mandeln.

12 Nehmt auch anderes Geld mit euch; und das Geld, das euch oben in euren Säcken wieder geworden ist, bringt auch wieder mit euch. Vielleicht ist ein Irrtum da geschehen.

13 Dazu nehmt euren Bruder, macht euch auf und kommt wieder zu dem Manne.

14 Aber der allmächtige Gott gebe euch Barmherzigkeit vor dem Manne, daß er euch lasse euren andern Bruder und Benjamin. Ich aber muß sein wie einer, der seiner Kinder gar beraubt ist.

15 Da nahmen sie diese Geschenke und das Geld zwiefältig mit sich und Benjamin, machten sich auf, zogen nach Ägypten und traten vor Joseph.

16 Da sah sie Joseph mit Benjamin und sprach zu seinem Haushalter: Führe diese Männer ins Haus und schlachte und richte zu; denn sie sollen zu Mittag mit mir essen.

17 Und der Mann tat, wie ihm Joseph gesagt hatte, und führte die Männer in Josephs Haus.

18 Sie fürchteten sich aber, daß sie in Josephs Haus geführt wurden und sprachen: Wir sind hereingeführt um des Geldes willen, das wir in unsern Säcken das erstemal wiedergefunden haben, daß er's auf uns bringe und fälle ein Urteil über uns, damit er uns nehme zu eigenen Knechten samt unsern Eseln.

19 Darum traten sie zu Josephs Haushalter und redeten mit ihm vor der Haustür

20 und sprachen: Mein Herr, wir sind das erstemal herabgezogen Speise zu kaufen,

21 und da wir in die Herberge kamen und unsere Säcke auftaten, siehe, da war eines jeglichen Geld oben in seinem Sack mit völligem Gewicht; darum haben wir's wieder mit uns gebracht,

22 haben auch anderes Geld mit uns hergebracht, Speise zu kaufen; wir wissen aber nicht, wer uns unser Geld in unsre Säcke gesteckt hat.

23 Er aber sprach: Gehabt euch wohl, fürchtet euch nicht. Euer Gott hat euch einen Schatz gegeben in eure Säcke. Euer Geld ist mir geworden. Und er führte Simeon zu ihnen heraus

24 und führte sie in Josephs Haus, gab ihnen Wasser, daß sie ihre Füße wuschen, und gab ihren Eseln Futter.

25 Sie aber bereiteten das Geschenk zu, bis das Joseph kam auf den Mittag; denn sie hatten gehört, daß sie daselbst das Brot essen sollten.

26 Da nun Joseph zum Hause einging, brachten sie ihm ins Haus das Geschenk in ihren Händen und fielen vor ihm nieder zur Erde.

27 Er aber grüßte sie freundlich und sprach: Geht es eurem Vater, dem Alten, wohl, von dem ihr mir sagtet? Lebt er noch?

28 Sie antworteten: Es geht deinem Knechte, unserm Vater, wohl, und er lebt noch. Und sie neigten sich und fielen vor ihm nieder.

29 Und er hob seine Augen auf und sah seinen Bruder Benjamin, seiner Mutter Sohn, und sprach: Ist das euer jüngster Bruder, von dem ihr mir sagtet? und sprach weiter: Gott sei dir gnädig, mein Sohn!

30 Und Joseph eilte, denn sein Herz entbrannte ihm gegen seinen Bruder, und suchte, wo er weinte, und ging in seine Kammer und weinte daselbst.

31 Und da er sein Angesicht gewaschen hatte, ging er heraus und hielt sich fest und sprach: Legt Brot auf!

32 Und man trug ihm besonders auf und jenen auch besonders und den Ägyptern, die mit ihm aßen auch besonders. Denn die Ägypter dürfen nicht Brot essen mit den Hebräern, denn es ist ein Gräuel vor ihnen.

33 Und man setzte sie ihm gegenüber, den Erstgeborenen nach seiner Erstgeburt und den Jüngsten nach seiner Jugend. Des verwunderten sie sich untereinander.

34 Und man trug ihnen Essen vor von seinem Tisch; aber dem Benjamin ward fünfmal mehr denn den andern. Und sie tranken und wurden fröhlich mit ihm.

44. Kapitel

Josephs Brüder werden hart geängstigt

1 Und Joseph befahl seinem Haushalter und sprach: Fülle den Männern ihre Säcke mit Speise, soviel sie führen können, lege jeglichem sein Geld oben in seinen Sack;

2 und meinen silbernen Becher lege oben in des Jüngsten Sack mit dem Gelde für das Getreide. Der tat, wie ihm Joseph gesagt hatte.

3 Des Morgens, da es licht ward, ließen sie die Männer ziehen mit ihren Eseln.

4 Da sie aber zur Stadt hinaus waren und nicht ferne gekommen, sprach Joseph zu seinem Haushalter: Auf jage den Männern nach! und wenn du sie ereilst, so sprich zu ihnen: Warum habt ihr Gutes mit Bösem vergolten?

5 Ist's nicht das, daraus mein Herr trinkt und damit er weissagt? Ihr habt übel getan.

6 Und als er sie ereilte, redete er mit ihnen solche Worte.

7 Sie antworteten ihm: Warum redet mein Herr solche Worte? Es sei ferne von deinen Knechten, ein solches zu tun.

8 Siehe, das Geld, das wir fanden oben in unsern Säcken, haben wir wiedergebracht zu dir aus dem Lande Kanaan. Und wie sollten wir denn aus deines Herrn Hause gestohlen haben Silber und Gold?

9 Bei welchem er gefunden wird unter deinen Knechten, der sei des Todes; dazu wollen auch wir meines Herrn Knechte sein.

10 Er sprach: Ja, es sei, wie ihr geredet habt. Bei welchem er gefunden wird, der sei mein Knecht; ihr aber sollt ledig sein.

11 Und sie eilten, und ein jeglicher legte seinen Sack ab auf die Erde, und ein jeglicher tat seinen Sack auf.

12 Und er suchte und hob am Ältesten an bis auf den Jüngsten; da fand sich der Becher in Benjamins Sack.

13 Da zerrissen sie ihre Kleider und belud ein jeglicher seinen Esel und zogen wieder in die Stadt.

14 Und Juda ging mit seinen Brüdern in Josephs Haus, denn er war noch daselbst; und sie fielen vor ihm nieder auf die Erde.

15 Joseph aber sprach zu ihnen: Wie habt ihr das tun dürfen? Wißt ihr nicht, daß ein solcher Mann, wie ich, erraten könne?

16 Juda sprach: Was sollen wir sagen meinem Herrn, oder wie sollen wir reden, und womit können wir uns rechtfertigen? Gott hat die Missetat deiner Knechte gefunden. Siehe da, wir und der, bei dem der Becher gefunden ist, sind meines Herrn Knechte.

17 Er aber sprach: Das sei ferne von mir, solches zu tun! Der Mann, bei dem der Becher gefunden ist, soll mein Knecht sein; ihr aber zieht hinauf mit Frieden zu eurem Vater.

18 Da trat Juda zu ihm und sprach: Mein Herr, laß deinen Knecht ein Wort reden vor den Ohren meines Herrn, und dein Zorn ergrimme nicht über deinen Knecht; denn du bist wie Pharao.

19 Mein Herr fragte seine Knechte und sprach: Habt ihr auch einen Vater oder Bruder?

20 Da antworteten wir: Wir haben einen Vater, der ist alt, und einen jungen Knaben, in seinem Alter geboren; und sein Bruder ist tot, und er ist allein übriggeblieben von seiner Mutter, und sein Vater hat ihn lieb.

21 Da sprachst du zu deinen Knechten: Bringet ihn herab zu mir; ich will ihm Gnade erzeigen.

22 Wir aber antworteten meinem Herrn: Der Knabe kann nicht von seinem Vater kommen; wo er von ihm käme, würde er sterben.

23 Da sprachst du zu deinen Knechten: Wo euer jüngster Bruder nicht mit euch herkommt, sollt ihr mein Angesicht nicht mehr sehen.

24 Da zogen wir hinauf zu deinem Knecht, unserm Vater, und sagten ihm meines Herrn Rede.

25 Da sprach unser Vater: Zieht wieder hin und kauft uns ein wenig Speise.

26 Wir aber sprachen: wir können nicht hinabziehen, es sei denn unser jüngster Bruder mit uns, so wollen wir hinabziehen; denn wir können des Mannes Angesicht nicht sehen, wenn unser jüngster Bruder nicht mit uns ist.

27 Da sprach dein Knecht, mein Vater, zu uns: Ihr wisset, daß mir mein Weib zwei Söhne geboren hat;

28 einer ging hinaus von mir, und man sagte: Er ist zerrissen; und ich habe ihn nicht gesehen bisher.

29 Werdet ihr diesen auch von mir nehmen und widerfährt ihm ein Unfall, so werdet ihr meine grauen Haare mit Jammer hinunter in die Grube bringen.

30 Nun, so ich heimkäme zu deinem Knecht, meinem Vater, und der Knabe wäre nicht mit uns, an des Seele seine Seele hanget,

31 so wird's geschehen, wenn er sieht, daß der Knabe nicht da ist, daß er stirbt; so würden wir, deine Knechte, die grauen Haare deines Knechtes, unsers Vaters, mit Herzeleid in die Grube bringen.

32 Denn ich, dein Knecht, bin Bürge geworden für den Knaben gegen meinen Vater und sprach: Bringe ich ihn dir nicht wieder, so will ich mein Leben lang die Schuld tragen.

33 Darum laß deinen Knecht hier bleiben an des Knaben Statt zum Knecht meines Herrn und den Knaben mit seinen Brüdern hinaufziehen.

34 Denn wie soll ich hinaufziehen zu meinem Vater, wenn der Knabe nicht mit mir ist? Ich würde den Jammer sehen müssen, der meinem Vater begegnen würde.

45. Kapitel

Joseph gibt sich seinen Brüdern zu erkennen und läßt seinen Vater nach Ägypten kommen.

1 Da konnte sich Joseph nicht länger enthalten vor allen, die um ihn her standen, und er rief: Laßt jedermann von mir hinausgehen! Und kein Mensch stand bei ihm, da sich Joseph seinen Brüdern zu erkennen gab.

2 Und er weinte laut, daß es die Ägypter und das Gesinde des Pharao hörten,

3 und sprach zu seinen Brüdern: Ich bin Joseph. Lebt mein Vater noch? und seine Brüder konnten ihm nicht antworten, so erschraken sie vor seinem Angesicht.

4 Er aber sprach zu seinen Brüdern: Tretet doch her zu mir! Und sie traten herzu. Und er sprach: Ich bin Joseph euer Bruder, den ihr nach Ägypten verkauft habt.

5 Und nun bekümmert euch nicht und denkt nicht, daß ich darum zürne, daß ihr mich hierher verkauft habt; denn um eures Lebens willen hat mich Gott vor euch her gesandt.

6 Denn dies sind zwei Jahre, daß es teuer im Lande ist; und sind noch fünf Jahre, daß kein Pflügen und Ernten sein wird.

7 Aber Gott hat mich vor euch her gesandt, daß er euch übrig behalte auf Erden und euer Leben errette durch eine große Errettung.

8 Und nun, ihr habt mich nicht hergesandt, sondern Gott, der hat mich Pharao zum Vater gesetzt und zum Herrn über all sein Haus und zum Fürsten in ganz Ägyptenland.

9 Eilet nun und zieht hinauf zu meinem Vater und sagt ihm: Das läßt dir Joseph, dein Sohn, sagen: Gott hat mich zum Herrn in ganz Ägypten gesetzt; komm herab zu mir, säume nicht;

10 du sollst im Lande Gosen wohnen und nahe bei mir sein, du und deine Kinder und deine Kindeskinder, dein kleines und dein großes Vieh und alles, was du hast.

11 Ich will dich daselbst versorgen; denn es sind noch fünf Jahre der Teuerung, auf daß du nicht verderbest mit deinem Hause und allem, was du hast.

12 Siehe, eure Augen sehen und die Augen meines Bruders Benjamin, daß ich mündlich mit euch rede.

13 Verkündigt meinem Vater alle meine Herrlichkeit in Ägypten und alles, was ihr gesehen habt; eilt und kommt hernieder mit meinem Vater hierher.

14 Und er fiel seinem Bruder Benjamin um den Hals und weinte; und Benjamin weinte auch an seinem Halse.

15 Und er küßte alle seine Brüder und weinte über ihnen. Darnach redeten seine Brüder mit ihm.

16 Und da das Gerücht kam in Pharaos Haus,

daß Josephs Brüder gekommen wären, gefiel es Pharao wohl und allen seinen Knechten.

17 Und Pharao sprach zu Joseph: Sage deinen Brüdern: Tut also, beladet eure Tiere, zieht hin;

18 und wenn ihr kommt ins Land Kanaan, so nehmt euren Vater und alle die Euren und kommt zu mir; ich will euch Güter geben in Ägyptenland, daß ihr essen sollt das Mark im Lande;

19 und gebiete ihnen: Tut also, nehmet Wagen für eure Kinder und Weiber und führet euren Vater und kommt;

20 und sehet euren Hausrat nicht an; denn die Güter des ganzen Landes Ägypten sollen euer sein.

21 Die Kinder Israels taten also. Und Joseph gab ihnen Wagen nach dem Befehl Pharaos und Zehrung auf den Weg

22 und gab ihnen allen, einem jeglichem, ein Feierkleid; aber Benjamin gab er dreihundert Silberlinge und fünf Feierkleider.

23 Und seinem Vater sandte er dabei zehn Esel, mit Gut aus Ägypten beladen, und zehn Eselinnen mit Getreide und Brot und Speise seinem Vater auf den Weg.

24 Also ließ er seine Brüder von sich, und sie zogen hin; und er sprach zu ihnen: Zanket nicht auf dem Wege!

25 Also zogen sie hinauf von Ägypten und kamen ins Land Kanaan zu ihrem Vater Jakob

26 und verkündigten ihm und sprachen: Joseph lebt noch und ist Herr im ganzen Ägyptenland. Aber sein Herz dachte gar viel anders, denn er glaubte ihnen nicht.

27 Da sagten sie ihm alle Worte Josephs, die er zu ihnen gesagt hatte. Und da er sah die Wagen, die ihm Joseph gesandt hatte, ihn zu führen, ward der Geist Jakobs, ihres Vaters, lebendig,

28 und Israel sprach: Ich habe genug, daß mein Sohn noch lebt; ich will hin und ihn sehen, ehe ich sterbe.

46. Kapitel

Jakobs Reise nach Ägypten.
Die Kinder Israels.
Empfang durch Joseph.

1 Israel zog hin mit allem, was er hatte. Und da er gen Beer-Seba kam, opferte er dem Gott seines Vaters Isaak.

2 Und Gott sprach zu ihm des Nachts im Gesicht: Jakob, Jakob! Er sprach: Hier bin ich.

3 Und er sprach: Ich bin Gott, der Gott deines Vaters; fürchte dich nicht, nach Ägypten hinabzuziehen, denn daselbst will ich dich zum großen Volk machen.

4 Ich will mit dir hinab nach Ägypten ziehen und will dich auch wieder heraufführen; und Joseph soll seine Hände auf deine Augen legen.

5 Da machte sich Jakob auf von Beer-Seba; und die Kinder Israels führten Jakob, ihren Vater, mit ihren Kindlein und Weibern auf den Wagen, die Pharao gesandt hatte, ihn zu führen,

6 und nahmen ihr Vieh und ihre Habe, die sie im Lande Kanaan erworben hatten, und kamen also nach Ägypten, Jakob und all sein Same mit ihm,

7 seine Söhne und seine Kindessöhne mit ihm, seine Töchter und seine Kindestöchter und all sein Same; die brachte er mit sich nach Ägypten.

8 Dies sind die Namen der Kinder Israel, die nach Ägypten kamen: Jakob, und seine Söhne. Der erstgeborene Sohn Jakobs, Ruben.

9 Die Kinder Rubens: Henoch, Pallu, Hezron und Charmi.

10 Die Kinder Simeons: Jemuel, Jamin, Ohad, Jachin, Zohar und Saul, der Sohn von dem kanaanitischen Weibe.

11 Die Kinder Levis: Gerson, Kahath und Merari.

12 Die Kinder Juda's: Ger, Onan, Sela, Perez und Serah. Aber Ger und Onan waren gestorben im Lande Kanaan. Die Kinder aber des Perez: Hezron und Hamul.

13 Die Kinder Isaschars: Thola, Phuva, Job und Simron.

14 Die Kinder Sebulons: Sered, Elon und Jahleel.

15 Das sind die Kinder von Lea, die sie Jakob gebar in Mesopotamien mit seiner Tochter Dina.

Die machen allesamt mit Söhnen und Töchtern dreiunddreißig Seelen.

16 Die Kinder Gads: Ziphjon, Haggi, Suni, Ezbon, Eri, Arodi und Areli.

17 Die Kinder Assers: Jimna, Jiswa, Jiswi, Beria und Serah, ihre Schwester. Aber die Kinder Berias: Heber und Malchiel.

18 Das sind die Kinder von Silpa, die Laban gab Lea, seiner Tochter, und sie gebar Jakob diese sechzehn Seelen.

19 Die Kinder Rahels, des Weibes Jakobs: Joseph und Benjamin.

20 Und Joseph wurden geboren in Ägyptenland Manasse und Ephraim, die ihm gebar Asnath, die Tochter Potipheras, des Priesters zu On.

21 Die Kinder Benjamins: Bela, Becher, Asbel, Gera, Naaman, Ehi, Ros, Muppim, Huppim und Ard.

22 Das sind die Kinder von Rahel, die Jakob geboren sind, allesamt vierzehn Seelen.

23 Die Kinder Dans: Husim.

24 Die Kinder Naphthalis: Jahzeel, Guni, Jezer und Sillem.

25 Das sind die Kinder Bilhas, die Laban seiner Tochter Rahel gab, und sie gebar Jakob die sieben Seelen.

26 Alle Seelen, die mit Jakob nach Ägypten kamen, die aus seinen Lenden gekommen waren (ausgenommen die Weiber seiner Kinder), sind alle zusammen sechundsechzig Seelen,

27 Und die Kinder Josephs, die in Ägypten geboren sind, waren zwei Seelen, also daß alle Seelen des Hauses Jakobs, die nach Ägypten kamen, waren siebzig.

28 Und er sandte Juda vor sich hin zu Joseph, das dieser ihn anwiese zu Gosen; und sie kamen in das Land Gosen.

29 Da spannte Joseph seinen Wagen an und zog hinauf, seinem Vater Israel entgegen, nach Gosen. Und da er ihn sah, fiel er ihm um den Hals und weinte lange an seinem Halse.

30 Da sprach Israel zu Joseph: Ich will nun gerne sterben, nachdem ich dein Angesicht gesehen habe, daß du noch lebst.

31 Joseph sprach zu seinen Brüdern und seines Vaters Hause: Ich will hinaufziehen und Pharao ansagen und zu ihm sprechen: Meine Brüder und meines Vaters Haus sind zu mir gekommen aus dem Lande Kanaan,

32 und sind Viehhirten, denn es sind Leute, die mit Vieh umgehen; Ihr kleines und großes Vieh und alles, was sie haben, haben sie mitgebracht.

33 Wenn euch nun Pharao wird rufen und sagen: Was ist eure Nahrung?

34 so sollt ihr sagen: Deine Knechte sind Leute, die mit Vieh umgehen, von unsrer Jugend auf bis her, beide, wir und unsre Väter, auf daß ihr wohnen möget im Lande Gosen. Denn was Viehhirten sind, das ist den Ägyptern ein Gräuel.

47. Kapitel

*Wohnung in Gosen. Jakob vor Pharao.
Teuerung in Ägypten. Jakobs Ende naht.*

1 Da kam Joseph und sagte es Pharao an und sprach: Mein Vater und meine Brüder, ihr kleines und großes Vieh und alles, was sie haben, sind gekommen aus dem Lande Kanaan; und siehe, sie sind im Lande Gosen.

2 Und er nahm aus allen seinen Brüdern fünf und stellte sie vor Pharao.

3 Da sprach Pharao zu seinen Brüdern: Was ist eure Nahrung? Sie antworteten: Deine Knechte sind Viehhirten, wir und unsere Väter;

4 und sagten weiter zu Pharao: Wir sind gekommen, bei euch zu wohnen im Lande; denn deine Knechte haben nicht Weide für ihr Vieh, so hart drückt die Teuerung das Land Kanaan; so laß doch nun deine Knechte im Lande Gosen wohnen.

5 Pharao sprach zu Joseph: Es ist dein Vater und sind deine Brüder, die sind zu dir gekommen;

6 das Land Ägypten steht dir offen, laß sie am besten Ort des Landes wohnen, laß sie im Lande Gosen wohnen; und so du weißt, daß Leute unter ihnen sind, die tüchtig sind, so setze sie über mein Vieh.

7 Joseph brachte auch seinen Vater Jakob

hinein und stellte ihn vor Pharao. Und Jakob segnete den Pharao.

8 Pharao aber fragte Jakob: Wie alt bist du?

9 Jakob sprach: Die Zeit meiner Wallfahrt ist hundertdreißig Jahre; wenig und böse ist die Zeit meines Lebens und langt nicht an die Zeit meiner Väter in ihrer Wallfahrt.

10 Und Jakob segnete den Pharao und ging heraus von ihm.

11 Aber Joseph schaffte seinem Vater und seinen Brüdern Wohnung und gab ihnen Besitz in Ägyptenland, am besten Ort des Landes, im Lande Raemses, wie Pharao geboten hatte.

12 Und er versorgte seinen Vater und seine Brüder und das ganze Haus seines Vaters mit Brot, einen jeglichen, nachdem er Kinder hatte.

13 Es war aber kein Brot in allen Landen; denn die Teuerung war sehr schwer, daß das Land Ägypten und Kanaan verschmachteten vor der Teuerung.

14 Und Joseph brachte alles Geld zusammen, das in Ägypten und Kanaan gefunden ward, um das Getreide, das sie kauften; und Joseph tat alles Geld in das Haus Pharaos.

15 Da nun Geld gebrach im Lande Ägypten und Kanaan, kamen alle Ägypter zu Joseph und sprachen: Schaffe uns Brot! Warum läßt du uns vor dir sterben, darum daß wir ohne Geld sind?

16 Joseph sprach: Schafft euer Vieh her, so will ich euch um das Vieh geben, weil ihr ohne Geld seid.

17 Da brachten sie Joseph ihr Vieh; und er gab ihnen Brot um ihre Pferde, Schafe, Rinder und Esel. Also ernährte er sie mit Brot das Jahr um all ihr Vieh.

18 Da das Jahr um war, kamen sie zu ihm im zweiten Jahr und sprachen zu ihm: Wir wollen unserm Herrn nicht verbergen, daß nicht allein das Geld sondern auch alles Vieh dahin ist zu unserm Herrn; und ist nichts mehr übrig vor unserm Herrn denn unsre Leiber und unser Feld.

19 Warum läßt du uns vor dir sterben und unser Feld? Kaufe uns und unser Land ums Brot, daß wir und unser Land leibeigen seien dem Pharao; gib uns Samen, daß wir leben und nicht sterben und das Feld nicht wüst werde.

20 Also kaufte Joseph dem Pharao das ganze Ägypten. Denn die Ägypter verkauften ein jeglicher seinen Acker, denn die Teuerung war zu stark über sie. Und ward also das Land Pharao eigen.

21 Und er teilte das Volk aus in die Städte, von einem Ende Ägyptens bis ans andere.

22 Ausgenommen der Priester Feld. Das kaufte er nicht; denn es war von Pharao für die Priester verordnet, daß sie sich nähren sollten von dem Verordneten, das er ihnen gegeben hatte; darum brauchten sie ihr Feld nicht zu verkaufen.

23 Da sprach Joseph zu dem Volk: Siehe, ich habe heute gekauft euch und euer Feld dem

Pharao; siehe, da habt ihr Samen und besäet das Feld.

24 Und von dem Getreide sollt ihr den Fünften geben; vier Teile sollen euer sein, zu besäen das Feld und zu eurer Speise und für euer Haus und eure Kinder.

25 Sie sprachen: Du hast uns am Leben erhalten; laß uns nur Gnade finden vor dir, unserm Herrn, so wollen wir gerne Pharao leibeigen sein.

26 Also machte Joseph ihnen ein Gesetz bis auf diesen Tag über der Ägypter Feld, den Fünften Pharao zu geben; ausgenommen der Priester Feld, das ward dem Pharao nicht eigen.

27 Also wohnte Israel in Ägypten im Lande Gosen, und hatten's inne und wuchsen und mehrten sich sehr.

28 Und Jakob lebte siebzehn Jahre in Ägyptenland, daß sein ganzes Alter ward hundertsiebenundvierzig Jahre.

29 Da nun die Zeit herbeikam, daß Israel sterben sollte, rief er seinen Sohn Joseph und sprach zu ihm: Habe ich Gnade vor dir gefunden, so lege deine Hand unter meine Hüfte, daß du mir die Liebe und Treue an mir tust und begrabest mich nicht in Ägypten;

30 sondern ich will liegen bei meinen Vätern, und du sollst mich aus Ägypten führen und in ihrem Begräbnis begraben. Er sprach: Ich will tun, wie du gesagt hast.

31 Er aber sprach: So schwöre mir. Und er schwur ihm. Da neigte sich Israel zu Häupten des Bettes.

48. Kapitel

Jakobs Segen über Israel und Manasse.

1 Darnach ward Joseph gesagt: Siehe, dein Vater ist krank. Und er nahm mit sich seine beiden Söhne, Manasse und Ephraim.
2 Da ward's Jakob angesagt: Siehe, dein Sohn Joseph kommt zu dir. Und Israel machte sich stark und setzte sich im Bette
3 und sprach zu Joseph: Der allmächtige Gott erschien mir zu Lus im Lande Kanaan und segnete mich
4 und sprach zu mir: Siehe, ich will dich wachsen lassen und mehren und will dich zum Haufen Volks machen und will dies Land zu eigen geben deinem Samen nach dir ewiglich.
5 So sollen nun deine zwei Söhne, Ephraim und Manasse, die dir geboren sind in Ägyptenland, ehe ich hereingekommen bin zu dir, mein sein gleich wie Ruben und Simeon.
6 Welche du aber nach ihnen zeugest, sollen dein sein und genannt werden nach dem Namen ihrer Brüder in deren Erbteil.
7 Und da ich aus Mesopotamien kam starb mir Rahel im Lande Kanaan auf dem Weg, da noch

ein Feld Weges war gen Ephrath; und ich begrub sie daselbst an dem Wege Ephraths, das nun Bethlehem heißt.

8 Und Israel sah die Söhne Josephs und sprach: Wer sind die?

9 Joseph antwortete seinem Vater: Es sind meine Söhne, die mir Gott hier gegeben hat. Er sprach: Bringe sie her zu mir, daß ich sie segne.

10 Denn die Augen Israels waren dunkel geworden vor Alter, und er konnte nicht wohl sehen. Und er brachte sie zu ihm. Er aber küßte sie und herzte sie

11 und sprach zu Joseph: Siehe, ich habe dein Angesicht gesehen, was ich nicht gedacht hätte; und siehe, Gott hat mich auch deinen Samen sehen lassen.

12 Und Joseph nahm sie von seinem Schoß und neigte sich zur Erde gegen sein Angesicht.

13 Da nahm sie Joseph beide, Ephraim in seine rechte Hand gegen Israels linke Hand und Manasse in seine Linke Hand gegen Israels rechte Hand, und brachte sie zu ihm.

14 Aber Israel streckte seine rechte Hand aus und legte sie auf Ephraims, des Jüngeren, Haupt und seine linke auf Manasses Haupt und tat wissend also mit seinen Händen, denn Manasse war der Erstgeborene.

15 Und er segnete Joseph und sprach: Der Gott, vor dem meine Väter, Abraham und Isaak, gewandelt haben, der Gott, der mein Hirte gewesen ist mein Leben lang bis auf diesen Tag,

16 der Engel, der mich erlöst hat von allem Übel, der segne diese Knaben, daß sie nach meiner Väter Abrahams und Isaaks, Namen genannt werden, daß sie wachsen und viel werden auf Erden.

17 Da aber Joseph sah, daß sein Vater die rechte Hand auf Ephraims Haupt legte, gefiel es ihm übel, und er faßte seines Vaters Hand, daß er sie von Ephraim Haupt auf Manasses Haupt wendete,

18 und sprach zu ihm: Nicht so, mein Vater; dieser ist der Erstgeborene, lege deine rechte Hand auf sein Haupt.

19 Aber sein Vater weigerte sich und sprach: Ich weiß wohl, mein Sohn, ich weiß wohl. Dieser soll auch ein Volk werden und wird groß sein; aber sein jüngerer Bruder wird größer denn er werden, und sein Same wird ein großes Volk werden.

20 Also segnete er sie des Tages und sprach: Wer in Israel will jemand segnen, der sage: Gott setze dich wie Ephraim und Manasse! und setzte also Ephraim Manasse vor.

21 Und Israel sprach zu Joseph: Siehe, ich sterbe; und Gott wird mit euch sein und wird euch wiederbringen in das Land eurer Väter.

22 Ich habe dir ein Stück Land zu geben vor deinen Brüdern, das ich mit Schwert und Bogen aus der Amoriter Hand genommen habe.

49. Kapitel

Jakob Segen, letzte Verordnung und Tod.

1 Und Jakob berief seine Söhne und sprach: Versammelt euch, daß ich euch verkündige, was euch begegnen wird in künftigen Zeiten.

2 Kommt zuhauf und höret zu, ihr Kinder Jakobs, und höret euren Vater Israel.

3 Ruben, mein erster Sohn bist du, meine Kraft, und der Erstling meiner Stärke, der Oberste in der Würde und der Oberste in der Macht.

4 Er fuhr leichtfertig dahin wie Wasser. Du sollst nicht der Oberste sein; denn du bist auf deines Vaters Lager gestiegen, daselbst hast du mein Bett entweiht mit dem Aufsteigen.

5 Die Brüder Simeon und Levi, ihre Schwerter sind mörderische Waffen.

6 Meine Seele komme nicht in ihren Rat, und meine Ehre sei nicht in ihrer Versammlung; denn in ihrem Zorn haben sie den Mann erwürgt, und in ihrem Mutwillen haben sie den Ochsen verlähmt.

7 Verflucht sei ihr Zorn, daß er so heftig ist und ihr Grimm, daß er so störrig ist. Ich will sie zerteilen in Jakob und zerstreuen in Israel.

8 Juda, du bist's; dich werden deine Brüder loben. Deine Hand wird deinen Feinden auf dem Halse sein; vor dir werden deines Vaters Kinder sich neigen.

9 Juda ist ein junger Löwe. Du bist hoch

gekommen, mein Sohn, durch große Siege. Er ist niedergekniet und hat sich gelagert wie ein Löwe und wie eine Löwin; wer will sich wider ihn auflehnen?

10 Es wird das Zepter von Juda nicht entwendet werden noch der Stab des Herrschers von seinen Füßen, bis daß der Held komme; und demselben werden die Völker anhangen.

11 Er wird sein Füllen an den Weinstock binden und seiner Eselin Sohn an die edle Rebe. Er wird sein Kleid in Wein waschen und seinen Mantel im Weinbeerblut.

12 Seine Augen sind trübe vom Wein und seine Zähne weiß von Milch.

13 Sebulon wird an der Anfurt des Meeres wohnen und an der Anfurt der Schiffe und reichen an Sidon.

14 Isaschar wird ein knochiger Esel sein und sich lagern zwischen den Hürden.

15 Und er sah die Ruhe, daß sie gut ist, und das Land, daß es lustig ist; da hat er seine Schultern geneigt, zu tragen, und ist ein zinsbarer Knecht geworden.

16 Dan wird Richter sein in seinem Volk wie ein ander Geschlecht in Israel.

17 Dan wird eine Schlange werden auf dem Wege und eine Otter auf dem Steige und das Pferd in die Ferse beißen, daß sein Reiter zurückfalle.

18 HERR, ich warte auf dein Heil!

19 Gad wird gedrängt werden von Kriegshaufen, er aber drängt sie auf der Ferse.

20 Von Asser kommt sein fettes Brot, und er wird den Königen leckere Speise geben.

21 Naphthali ist ein schneller Hirsch und gibt schöne Rede.

22 Joseph wird wachsen, er wird wachsen wie ein Baum an der Quelle, daß die Zweige emporsteigen über die Mauer.

23 Und wiewohl ihn die Schützen erzürnen und wider ihn kriegen und ihn verfolgen,

24 so bleibt doch sein Bogen fest und die Arme seiner Hände stark durch die Hände des Mächtigen in Jakob, durch ihn, den Hirten und Stein Israels.

25 Von deines Vaters Gott ist dir geholfen, und von dem Allmächtigen bist du gesegnet mit Segen oben vom Himmel herab, mit Segen von der Tiefe, die unten liegt, mit Segen der Brüste und des Mutterleibes.

26 Die Segen deines Vaters gehen stärker denn die Segen meiner Voreltern, nach Wunsch der Hohen in der Welt, und sollen kommen auf das Haupt Josephs und auf den Scheitel des Geweihten unter seinen Brüdern.

27 Benjamin ist ein reißender Wolf; des Morgens wird er Raub fressen, und des Abends wird er Beute austeilen.

28 Das sind die zwölf Stämme Israels alle, und das ist's was ihr Vater mit ihnen geredet hat, da

er sie segnete, einen jeglichen mit einem besonderen Segen.

29 Und er gebot ihnen und sprach zu ihnen: Ich werde versammelt zu meinem Volk; begrabt mich zu meinen Vätern in der Höhle auf dem Acker Ephrons, des Hethiters,

30 in der zwiefachen Höhle, die gegenüber Mamre liegt, im Lande Kanaan, die Abraham kaufte samt dem Acker von Ephron, dem Hethiter, zum Erbbegräbnis.

31 Daselbst haben sie Abraham begraben und Sara, sein Weib. Daselbst haben sie auch Isaak begraben und Rebekka, sein Weib. Daselbst habe ich auch Lea begraben,

32 in dem Acker und der Höhle, die von den Kindern Heth gekauft ist.

33 Und da Jakob vollendet hatte die Gebote an seine Kinder, tat er seine Füße zusammen aufs Bett und verschied und ward versammelt zu seinem Volk.

50. Kapitel

Jakobs Begräbnis zu Hebron.
Josephs Edelmut. Sein Tod.

1 Da fiel Joseph auf seines Vaters Angesicht und weinte über ihn und küßte ihn.

2 Und Joseph befahl seinen Knechten, den

Ärzten, das sie seinen Vater salbten. Und die Ärzte salbten Israel,

3 bis daß vierzig Tage um waren; denn so lange währen die Salbetage. Und die Ägypter beweinten ihn siebzig Tage.

4 Da nun die Leidtage aus waren, redete Joseph mit Pharaos Gesinde und sprach: Habe ich Gnade vor euch gefunden, so redet mit Pharao und sprecht:

5 Mein Vater hat einen Eid von mir genommen und gesagt: Siehe, ich sterbe; begrabe mich in meinem Grabe, das ich mir im Lande Kanaan gegraben habe. So will ich nun hinaufziehen und meinen Vater begraben und wiederkommen.

6 Pharao sprach: Zieh hinauf und begrabe deinen Vater, wie du ihm geschworen hast.

7 Also zog Joseph hinauf, seinen Vater zu begraben. Und es zogen mit ihm alle Knechte Pharaos, die Ältesten seines Hauses und alle Ältesten des Landes Ägypten,

8 dazu das ganze Gesinde Josephs und seine Brüder und das Gesinde seines Vaters. Allein ihre Kinder, Schafe und Ochsen ließen sie im Lande Gosen.

9 Und es zogen mit ihm hinauf Wagen und Reisige, und war ein sehr großes Heer.

10 Da sie nun an die Tenne Atad kamen, die jenseit des Jordans liegt, da hielten sie eine gar große und bittere Klage; und er trug über seinen Vater Leid sieben Tage.

11 Und da die Leute im Lande, die Kanaaniter, die Klage bei der Tenne Atad sahen, sprachen sie: Die Ägypter halten da große Klage. Daher heißt man den Ort: Der Ägypter Klage, welcher liegt jenseit des Jordans.

12 Und seine Kinder taten, wie er ihnen befohlen hatte,

13 und führten ihn ins Land Kanaan und begruben ihn in der zwiefachen Höhle des Ackers, die Abraham erkauft hatte mit dem Acker zum Erbbegräbnis von Ephron, dem Hethiter, gegenüber Mamre.

14 Als sie ihn nun begraben hatten, zog Joseph wieder nach Ägypten mit seinen Brüdern und mit allen, die mit ihm hinaufgezogen waren, seinen Vater zu begraben.

15 Die Brüder aber Josephs fürchteten sich, da ihr Vater gestorben war, und sprachen: Joseph möchte uns Gram sein und vergelten alle Bosheit, die wir an ihm getan haben.

16 Darum ließen sie ihm sagen: Dein Vater befahl vor seinem Tod und sprach:

17 Also sollt ihr Joseph sagen: Vergib doch deinen Brüdern die Missetat und ihre Sünde, daß sie so übel an dir getan haben. So vergib doch nun diese Missetat uns, den Dienern des Gottes deines Vaters. Aber Joseph weinte, da sie solches mit ihm redeten.

18 Und seine Brüder gingen hin und fielen vor ihm nieder und sprachen: Siehe, wir sind deine Knechte.

19 Joseph sprach zu ihnen: Fürchtet euch nicht, denn ich bin unter Gott.

20 Ihr gedachtet's böse mit mir zu machen; aber Gott gedachte es gut zu machen, daß er täte, wie es jetzt am Tage ist, zu erhalten viel Volks.

21 So fürchtet euch nun nicht; ich will euch versorgen und eure Kinder. Und er tröstete sie und redete freundlich mit ihnen.

22 Also wohnte Joseph in Ägypten mit seines Vaters Hause und lebte hundertundzehn Jahre

23 und sah Ephraims Kinder bis ins dritte Glied. Auch wurden dem Machir, Manasses Sohn, Kinder geboren auf den Schoß Josephs.

24 Und Joseph sprach zu seinen Brüdern: Ich sterbe, und Gott wird euch heimsuchen und aus diesem Lande führen in das Land, das er Abraham, Isaak und Jakob geschworen hat.

25 Darum nahm er einen Eid von den Kindern Israel und sprach: Wenn euch Gott heimsuchen wird, so führet meine Gebeine von dannen.

26 Also starb Joseph, da er war hundertundzehn Jahre alt. Und sie salbten ihn und legten ihn in eine Lade in Ägypten.

Anhang und Register

(1) Menge Bibel

Anmerkung: nicht nur die Menge-Bibel, sondern auch die Züricher und Schlachter übersetzen an dieser Stelle das ursprüngliche Wort 'Niphilim' mit Riesen, nicht mit Tyrannen, so wie Luther.

(2) Elberfelder Bibel

(3) Elberfelder Bibel

(4) Schlachter 2000

(5) Züricher Bibel, doch auch die Elberfelder, Menge und Schlachter 2000 übersetzen hier 'Refaiter' und nicht 'Riesen'

(6) vergl. unterschiedliche Bibelübersetzungen, siehe auch: Der Verkehr mit der Geisterwelt Gottes, seine Gesetze und sein Zweck

(7) Elberfelder, Züricher, Menge, Schlachter 2000

(8) vergl. unterschiedliche Bibelübersetzungen, siehe auch: Der Verkehr mit der Geisterwelt Gottes, seine Gesetze und sein Zweck